Marisa González
Felipe Martín

Socios 1

Curso básico
de español
orientado al mundo
del trabajo

Libro del profesor

Socios 1

Libro del profesor

Autores:
Marisa González
Felipe Martín

Coordinación editorial y redacción:
Jaime Corpas y Agustín Garmendia

Revisión pedagógica:
Roberto Castón

Corrección:
Eduard Sancho

Diseño y dirección de arte:
Estudio Ivan Margot

Maquetación:
Victoria Desvalls

Ilustración:
Joma

Fotografías:
Ivan Margot
PhotoDisc

© Los autores y Difusión, S.L. Barcelona 1999

ISBN: 84-89344-50-7
Depósito Legal: B-14015-2002

2002 2003 2004 2005 2006 / 6 5 4 3 2

Impreso en España por TORRES I ASSOCIATS, S.L. Producciones S.L.
Impreso en papel ecológico

Centro de Investigación y Publicaciones de Idiomas, S.L.
C/Trafalgar, 10 entlo. 1ª - 08010 BARCELONA
e-mail: editorial@difusion.com
http://www.difusion.com

DIFUSIÓN

Este **Libro del profesor**, componente esencial del método **Socios**, da las pautas generales y ofrece informaciones complementarias para la utilización del *Libro del alumno*. En él, el profesor encontrará sugerencias e indicaciones pormenorizadas que podrá seguir durante toda la secuencia didáctica, por lo que le será de gran ayuda a la hora de planificar y realizar sus clases.

Para cada una de las actividades, el *Libro del Profesor* presenta cuatro apartados. En primer lugar, se describe el objetivo de la actividad y se presentan informaciones de tipo cultural en el apartado COSAS NUESTRAS. A continuación, en el apartado ANTES, se comenta qué contenidos es conveniente que conozcan los alumnos antes de empezar la actividad a la vez que se dan propuestas de precalentamiento y contextualización. Seguidamente, en PROCEDIMIENTOS, se explica cómo poner en práctica los diferentes subapartados de la actividad y se dan las soluciones, cuando los ejercicios son cerrados, o propuestas de solución, cuando se trata de ejercicios abiertos. En este apartado se explicitan las destrezas practicadas mediante los cuatro iconos correspondientes. Finalmente, en SUGERENCIAS, se dan ideas complementarias y alternativas para la explotación en clase. En muchos casos se ha incluido material fotocopiable (tarjetas, dibujos, etc.) que el profesor puede utilizar para llevar al aula las propuestas de los apartados ANTES o SUGERENCIAS.

Este libro contiene, además, un apéndice con las soluciones de las actividades contenidas en el *Cuaderno de ejercicios*.

Índice

Índice

En clase de español

En el Libro del alumno

T Nuestros alumnos van a presentar a algunos de sus compañeros al resto de la clase. Para ello aprenderán a preguntar el nombre y la nacionalidad y a presentar a un grupo de compañeros.

En el Cuaderno de ejercicios

1. Infinitivos
2. Verbos útiles en clase
3. Números del 1 al 16
4. La sílaba tónica
5. Números y letras
6. Números del 1 al 20. Más, menos, por y entre
7. Números de teléfono
8. Vocabulario. ¿Qué es esto?
9. Apellidos. Contraste C/Z, C/QU
10. Nacionalidades
11. Demostrativos: éste, ésta

12. Lenguas del mundo
13. Frases útiles en clase
14. Deletrear nombres de países latinoamericanos
15. Averiguar nombres de países
16. ¿Cómo se dice...?
17. Preguntas útiles
18. En la recepción de un hotel. Deletrear el nombre
19. Pronombres personales. Verbos ser y llamarse
20. Vocabulario

PORTADA

Salude y preséntese a sus alumnos diciendo, por ejemplo: ¡Hola! ¿Qué tal? Me llamo... y soy el/la profesor/a de español. Escriba la frase en la pizarra y pase a preguntar a cada uno de sus alumnos: ¿Y tú cómo te llamas? Utilice lenguaje gestual y repita su presentación si lo considera necesario. De vez en cuando responda saludando a alguno de sus alumnos (que acaban de decirle su nombre): ¡Hola Boris!, ¿Qué tal, Carla?

1. COSAS EN ESPAÑOL

Preguntar cómo se dicen y qué significan algunas palabras en español.

COSAS NUESTRAS

Las imágenes muestran, de izquierda a derecha y de arriba a abajo, una boca de metro, un aeropuerto, una farmacia, un pasaporte español, una cabina de teléfono, un taxi de Madrid, un bar, un cartel que prohíbe fumar, un cartel de lavabos y un cartel de una oficina de cambio.

ANTES

Escriba las siguientes palabras en la pizarra: **teléfono, taxi, metro, pasaporte, bar, farmacia, servicios, aeropuerto, no fumar, cambio.** Pronúncielas y haga que sus alumnos las repitan. A continuación, escriba en la pizarra los números del 1 al 5 y dígalos en voz alta para que sus alumnos hagan lo mismo.

PROCEDIMIENTOS

A. Muestre las fotos de la página 9 del *Libro del alumno* y señálelas una por una. Recuerde el vocabulario presentado anteriormente. Ponga la audición. Cuando hayan escuchado el sonido de aeropuerto, señale la foto del libro, diga **uno** y señale la casilla donde está escrito ese número. Antes de continuar con la audición indíqueles que tienen que escribir los números del 1 al 5. Repita la audición si es necesario. Después deje que comprueben en parejas sus resultados.

Solución
1. *Aeropuerto* 2. *Teléfono público* 3. *Metro* 4. *Bar* 5. *Taxi*

B. Lea los dos diálogos en voz alta simulando que hablan diferentes personas. Después escriba en la pizarra **¿Qué significa...?** y **¿Cómo se dice ... en español?** Dé diferentes ejemplos, utilizando palabras de la lengua materna de sus alumnos, si es posible. A continuación, invíteles a que se pregunten y respondan entre ellos. Si es necesario, verifique que han comprendido el significado de alguna palabra preguntándoles **¿Cómo se dice en inglés/francés/árabe/alemán/...?**

C. Escriba en la pizarra **Palabras en español** y, debajo, algunas de las palabras que sus alumnos ya conocen. Asegúrese de que comprenden el significado de **palabras** y pídales que, individualmente, escriban más palabras que conozcan en español. Al cabo de un minuto, divida la clase en parejas, recuérdeles las preguntas del apartado B y anime a cada pareja a que ponga en común su lista de palabras. Finalmente, haga una puesta en común con toda la clase, escriba las palabras en la pizarra y anime a los estudiantes a que pregunten las que desconozcan.

2. PALABRAS EN ESPAÑOL
Familiarizarse con algunos fonemas del español y con su representación gráfica.

COSAS NUESTRAS
Los nombres son de diferentes empresas implantadas en España, algunas muy conocidas, y otras no tanto. La pronunciación que escucharán es la del español estándar.

ANTES
Remita a sus alumnos al alfabeto de la página 16 y léalo en voz alta dos veces (la primera más despacio). A continuación vuelva a leerlo, letra por letra, haciendo esta vez que sus estudiantes repitan en voz alta prestando atención a la pronunciación. Coménteles que, hasta hace poco, había dos letras más que se consideraban entradas de diccionario: la **ch** y la **ll**. Sitúelas en su lugar correspondiente (entre la **c** y la **d** y entre la **l** y la **m**). Pronúncielas y deje que repitan.

PROCEDIMIENTOS
A. Presente a sus estudiantes las empresas de la actividad y pregúnteles si conocen alguna. A continuación, ponga la cinta para que lean y escuchen cómo se pronuncian las palabras del primer grupo **B/V**. Luego pronuncie usted mismo los nombres de las empresas y haga que los alumnos las repitan. Vuelva a hacer lo mismo con cada uno de los otros grupos de palabras.

B. Escriba en la pizarra los siguientes símbolos fonéticos (/k/ de **casa** y /θ/ de **za**pato) en dos columnas y pronuncie los dos fonemas.

/k/	/θ/

A continuación pídales que digan palabras que tienen esos sonidos y vaya escribiéndolas debajo de cada símbolo. Después haga lo mismo con los fonemas /x/ y /g/. Luego anímeles a que, entre ellos, descubran cuándo se escribe con **c, qu, z, j, g,** y **gu** en español y cómo se pronuncian esas letras seguidas de cada una de las vocales. Remítales a la página 16 del *Libro del alumno* para que comprueben sus hipótesis.

SUGERENCIAS
Puede acabar diciendo en voz alta los nombres de otras empresas para que sus alumnos decidan en parejas si se escriben con **c, z, q, g** o **j**. Posibles empresas:

Jaleo	Zapatolandia	Casa	Gal
Gestoría Martín	Cepsa	Peques	Pan Míguez
Gimnasio Apolo	Cines Ideal	Quimera	Guitarras Ibañez
Punto Fijo	El Pozo	Continente	Riego
Rieju	Azuvi	Cusí	Prosegur

Si sus estudiantes están en contacto con otra variante del español, puede hacer referencia a las diferencias de pronunciación entre el español estándar peninsular y el español al que están expuestos.

3. LA U.E. (UNIÓN EUROPEA)

Vocabulario y números del **1** al **15**. Preguntar cómo se escribe una palabra en español.

COSAS NUESTRAS

La bandera española contiene el escudo constitucional (aprobado en 1978).

ANTES

Asegúrese de que sus estudiantes recuerdan el alfabeto español. Diríjase a alguno de ellos, pregúntele cómo se escribe su nombre y escríbalo en la pizarra.

PROCEDIMIENTOS

Dibuje en la pizarra la bandera de la **Unión Europea** y pregunte si conocen el nombre de algún país que pertenece a la misma. A continuación, presénteles las banderas de los 15 países que pertenecían a la **U.E.** en 1999. Lea en voz alta los países que aparecen en el enunciado y anímeles a que los repitan pronunciándolos correctamente. Luego, deje tiempo para que escriban, individualmente, el nombre de cada país debajo de la bandera correspondiente y para que comprueben en parejas sus resultados.

Antes de proceder a una puesta en común, hágales ver cómo se escriben los números del **1** al **15**. Déjeles tiempo para que imaginen cómo se pronuncian y, posteriormente, léalos en voz alta animándoles a que los repitan. Luego, lea los números en orden para que sus alumnos vayan diciendo los nombres del país correspondiente.

Solución

1. *Finlandia*	4. *Grecia*	7. *Dinamarca*	10. *Francia*	13. *Luxemburgo*
2. *Austria*	5. *Bélgica*	8. *Irlanda*	11. *Holanda*	14. *Gran Bretaña*
3. *Italia*	6. *Portugal*	9. *España*	12. *Alemania*	15. *Suecia*

Finalmente, muestre el ejemplo que aparece al final de la actividad y anime a toda la clase a que le pregunten o a que se pregunten entre ellos el nombre de otros países y cómo se escriben en español.

4. SEMIFINALES DE VOLEIBOL

Reconocer los números del **1** al **20**.

ANTES

Escriba la palabra **voleibol** en la pizarra y pregunte si saben cómo se dice en otra lenguas. Pregunte si saben cuántos sets puede tener un partido de voleibol (entre tres y cinco sets) y a cuántos puntos termina un set (a 15 puntos o a más si la diferencia entre los dos equipos no es de dos puntos). Pregunte también si conocen algún país donde este deporte sea popular (Cuba, Brasil, Italia, Holanda...).

PROCEDIMIENTOS

Señale los marcadores de la actividad indicando los tres sets de cada partido y diciéndoles que van a escuchar los resultados para descubrir qué países van a jugar la final. Antes de proceder a la audición, recuerde con toda la clase los números del **1** al **15**. Luego escriba en la pizarra: **16 dieciséis, 17 diecisiete, 18..., 19..., 20 veinte**. Pronúncielos en voz alta e invíteles a que descubran la forma escrita de **18** y **19**. Repita la pronunciación de los nuevos números con toda la clase. Luego proceda a una primera escucha con pausas entre cada set para que, individualmente, completen los marcadores. Repita la audición sin pausas y, posteriormente, deje que comprueben en parejas. Realice una tercera audición si es necesario. Por último, pregunte qué países pasan a la final.

Solución
España-Cuba (13-15) (16-18) (11-15)
China-Italia (9-15) (12-15) (17-19)
Pasan a la final Cuba e Italia.

5. LATINOAMÉRICA

Ampliar vocabulario de países e identificarlos en un mapa.

COSAS NUESTRAS

En todos estos países el español es lengua oficial o cooficial.

ANTES

Haga referencia a **Cuba** y **España** (países de la actividad anterior) como países donde se habla español. Pregunte si conocen otros países donde el español es lengua oficial. Probablemente le digan algún país latinoamericano. Escriba esos países en la pizarra bajo la palabra **Latinoamérica**.

PROCEDIMIENTOS

Muestre el mapa de la actividad y pregunte si pueden identificar en él algún país. Posteriormente, diga en voz alta la lista de países latinoamericanos y haga que sus alumnos los repitan. Preste atención especial a **México** por su particular pronunciación de la x como j. Una vez que se hayan familiarizado con el nombre de estos países, señale alguno de ellos (por ejemplo, **Bolivia** y **Perú**) y diga **Esto es Bolivia... y esto es Perú**. Muéstreles el ejemplo de la actividad y deje que, en parejas o en grupos de tres, identifiquen los países que conozcan. Finalmente, haga una puesta en común.

SUGERENCIAS

Puede llevar un atlas a la clase para presentar la actividad o proyectar una transparencia de Latinoamérica para la corrección.
Si lo considera de interés para sus alumnos, puede ampliar el vocabulario con otros países americanos como Brasil, Haití, Belice, Guyana, Surinam... También puede ampliar el listado de países donde el español es cooficial (Guinea Ecuatorial) o donde se habla pero no tiene carácter oficial (Estados Unidos, Marruecos y Sáhara Occidental, Filipinas, Andorra...).

6. MATRÍCULAS DE COCHES ESPAÑOLES
Practicar los números y deletrear.

COSAS NUESTRAS
Las matrículas pertenecen al sistema de matriculación español del año 1999 y no al europeo, es decir, aparecen números del 0000 al 9999; a su izquierda hay una(s) letra(s) que hace(n) referencia a la capital de la provincia donde el coche está matriculado (en este caso Barcelona, Madrid, Zaragoza, Sevilla, Bilbao y San Sebastián) y a la derecha otra(s) letra(s) que corresponde(n) al número de serie.

ANTES
Empiece a dibujar un mapa de la Península Ibérica en la pizarra con sólo un par de trazos y pregunte ¿Qué es esto? Vaya completando el mapa poco a poco hasta que descubran que se trata de la Península Ibérica. Escriba en la pizarra **Ciudades españolas** y haga una lluvia de ideas, entre toda la clase, de los nombres de ciudades que conozcan. Posteriormente, deje que uno o varios de sus alumnos las sitúen en el mapa que usted ha dibujado. Si no mencionan las ciudades de la actividad, escríbalas y sitúelas usted mismo en el mapa.

PROCEDIMIENTOS
Muestre los ocho coches de la actividad. Diga que son coches españoles y pregunte de qué ciudad creen que son. Una vez que sepan a qué ciudad pertenecen, lea el ejemplo y señale el coche al que corresponde. Después diga los cuatro números de otra matrícula y las letras de la derecha y deje que sus estudiantes descubran a qué ciudad pertenece la matrícula. Divida la clase en parejas para que realicen la actividad.

SUGERENCIAS
Una vez terminada la actividad, puede hacer referencia a las ciudades situadas en el mapa e indicarles a sus alumnos las letras correspondientes a sus matrículas. Después hágales escribir a cada uno cinco matrículas diferentes para continuar la actividad con otro compañero de clase. Otras matrículas españolas son:

A **C**oruña	**Có**rdoba	**Lo**groño (La Rioja)	**Sa**lamanca
Albacete	**Cu**enca	**Lu**go	Santa Cruz de **T**enerife
Alicante	**Gi**rona	**Má**laga	(Tenerife)
Almería	**Gr**anada	**Me**lilla	**S**antander (Cantabria)
Ávila	**Gu**adalajara	**Mu**rcia	**Se**govia
Badajoz	**Hu**elva	**Na**varra	**So**ria
Burgos	**Hu**esca	**O**urense	**T**arragona
Cáceres	**Ja**én	**O**viedo (Asturias)	**Te**ruel
Cádiz	Las Palmas de **Gr**an	**Pa**lencia	**To**ledo
Castelló	**C**anaria (Gran Canaria)	Palma de **M**allorca	**V**alencia
Ceuta	**Le**ón	(Baleares)	**Va**lladolid
Ciudad Real	**Ll**eida	**Po**ntevedra	**Vi**toria (Álava)

7. NACIONALIDADES
Hablar de la nacionalidad de diferentes personas.

COSAS NUESTRAS
Los dibujos ilustran rasgos estereotipados de las personas de algunas nacionalidades. Los nombres de los personajes sugieren alguna de las nacionalidades que aparecen en el ejercicio.

ANTES
Aproveche los dibujos (sin el nombre) para que sus alumnos hagan hipótesis sobre los diferentes países que les sugiere cada personaje. Puede llevar una transparencia en color en la que sólo aparezcan los personajes, sin sus nombres debajo. Hágales ver que se trata de imágenes estereotipadas y que están haciendo hipótesis a partir de unos pocos elementos. Fomente que aparezca más de un país asociado a cada personaje.

PROCEDIMIENTOS
Presente a los personajes como originarios de los países que aparecen en la instrucción. Pida a sus estudiantes que presten atención a los nombres para decidir qué nacionalidad les parece más acertada para cada uno. Déjeles tiempo para que tomen una decisión y que elijan la nacionalidad de cada personaje utilizando el vocabulario que tienen en la columna de la izquierda. Llame su atención sobre la diferencia entre el masculino y el femenino. Puede hacer referencia a la página 17 de la *Gramática* de esta unidad. Una vez preparado, pida que comparen en parejas sus hipótesis utilizando la estructura **Yo creo que**, como en el ejemplo.

Solución
No hay una solución única, pero el resultado esperable es:

Klaus-alemán	*Darío-cubano*	*Pierre-francés*
Kioko-japonesa	*Milton-brasileño*	*José-español/cubano*
Candela-española/cubana	*Robert-inglés*	*Dustin-norteamericano*
Margaret-escocesa	*Vittorio-italiano*	

SUGERENCIAS
Si desea huir de estereotipos, puede buscar fotos de personajes famosos y llevarlas a clase. Puede volver a la actividad 3 y a la 5 y tratar de que averigüen el gentilicio de los países miembros de la Unión Europea y de Latinoamérica.

8. EN UN CONGRESO
Discriminar nombres y apellidos en español.

COSAS NUESTRAS
La terminación **-ez** es frecuente en muchos apellidos españoles. Significa "hijo de"; por ejemplo Sánchez significa "hijo de Sancho".

ANTES
El dibujo le ayudará a contextualizar la audición. Pregunte a sus estudiantes dónde creen que están las personas de la ilustración y qué hacen. Oriénteles haciendo referencia al título de la

actividad y diciéndoles que pueden responder en su lengua. Hágales ver la lista de participantes que aparece a la izquierda.

PROCEDIMIENTOS

Explique que van a escuchar a cinco personas diferentes que pasan a recoger su tarjeta y que deben identificar su nombre y apellidos y marcarlos en la lista. Infórmeles de que van a escuchar la grabación tres veces: una primera vez sin pausas, una segunda con pausas (entre una persona y otra) y una tercera para comprobar que los nombres marcados son correctos. Tras la segunda escucha, pídales que comparen en parejas. Pregunte si han encontrado diferencias. En caso de no haberlas, no sería necesaria la tercera audición, aunque sí recomendable. Antes de hacerla, haga una corrección con toda la clase.

Solución

1. *José María González Saldaña*
2. *Adela García Olmos*
3. *Fernando Gutiérrez Alonso*

4. *Olga Gómez Torres*
5. *José María González Salazar*

9. FITUR. FERIA INTERNACIONAL DE TURISMO

Hablar de la nacionalidad de diferentes personas.

COSAS NUESTRAS

Fitur es una feria internacional de turismo que se celebra anualmente en Madrid. En ella se reúnen diferentes profesionales relacionados con el turismo.

ANTES

Utilice la nota de color amarillo que aparece a la derecha para repasar o presentar nacionalidades. Puede preguntar al grupo a qué países corresponden las nacionalidades de la nota: **Marruecos, Suiza, Alemania, Venezuela, Inglaterra, Estados Unidos, Suecia** y **Francia.** Explique a sus estudiantes que van a trabajar con las tarjetas de identificación de diferentes personas que asisten a **Fitur,** una feria internacional de turismo. Antes de empezar la actividad, hágales notar que las tarjetas no están completas.

PROCEDIMIENTOS

Deje tiempo a sus estudiantes para que lean en las tarjetas los nombres y apellidos de los participantes y los nombres de las empresas. Después deberán completar las tarjetas con la nacionalidad que crean adecuada. Una vez completas, pídales que, en parejas, comparen sus elecciones siguiendo el modelo u otros que usted proponga:

```
◇ ¿De dónde es Markus?
★ Yo creo que es alemán.
○ Yo también.

◇ Yo creo que Markus es alemán.
★ Yo también.
```

Puede añadir el ejemplo del apartado *Opinar y pedir opinión* de la página 17 de la *Gramática.* Finalmente, compruebe si los resultados de los estudiantes han coincidido.

Solución

Aunque no hay una sola solución posible, lo esperable es:

Olga Gómez–española	Abdul El Guerruf–marroquí	Roland Dubois–francés
Markus Wessling–alemán	Helga Scherling–suiza	Carlos E. Mendoza–venezolano
Jeniffer Curtis–estadounidense	Matthew Smith–inglés	Olaf Svenson–sueco

SUGERENCIAS

Puede aprovechar las tarjetas para plantear un juego de memorización. Pida a los estudiantes que preparen en parejas tres preguntas sobre las personas de las tarjetas para después hacerlas a sus compañeros de clase, que tendrán que contestar con el libro cerrado. Dé ejemplos del tipo: **¿Cómo se llama la Sra. Gómez? ¿Dónde trabaja Olga Gómez? ¿De dónde es Olga Gómez?** Puede hacer referencia a la página 17 de la *Gramática* en la que se encuentra un apartado con las preguntas para pedir el nombre y la nacionalidad.

10. LA FICHA DE CLASE

Rellenar una ficha de clase con los datos personales.

ANTES

Pregunte a sus estudiantes si saben qué es la ilustración que encuentran en esta actividad y si entienden las palabras que aparecen en la ficha. Remítales a la actividad anterior si hubiera problemas de comprensión.

PROCEDIMIENTOS

Pídales que hagan en un papel una ficha como la de la actividad o llévelas usted preparadas a la clase. Deje tiempo para que rellenen la ficha con sus datos personales. Después recójalas. Estas fichas puede volver a utilizarlas una vez acabada la unidad, después de la tarea. Repartirá las fichas entre sus alumnos de manera que cada uno tenga una ficha diferente a la suya. Una vez repartidas, les invitará a buscar al propietario haciendo preguntas del tipo **¿Cómo te llamas?** o **¿De dónde eres?**

SUGERENCIAS

Como repaso, y una vez realizada la tarea final, puede llevar unas fichas preparadas (tantas como estudiantes) con el apellido de cada alumno escrito. Repártalas y pídales que busquen a esa persona y que completen los otros datos haciéndole preguntas: **¿Cómo te llamas de nombre? ¿De dónde eres? ¿Qué número de pasaporte tienes?**

11. EN CLASE

Preguntar cómo se dice y cómo se escribe algo en español. Pedir que alguien repita lo que ha dicho.

ANTES

El objetivo de la actividad es hacer ver a los alumnos la rentabilidad de la pregunta **¿Cómo se dice ... en español?** como recurso para aprender vocabulario y para empezar a desenvolverse en español desde el principio. Se trata, por tanto, de que los estudiantes aprendan el vocabulario que tienen cerca, en el aula, y de que pregunten por expresiones de uso frecuente del tipo: **Por favor, Gracias, Perdón, ¡Jesús!, ¡Felicidades!...** y siempre en español. Presente la actividad con la ilustración de la clase de la página 14. Puede buscar objetos como los del dibujo que haya en su aula para presentar la estructura que van a necesitar. Por ejemplo, tome un cuaderno y pregunte a sus estudiantes si saben cómo se dice en español. Invíteles a mirar la ilustración y explique que van a aprender el nombre de esos objetos de la clase.

PROCEDIMIENTOS
A. Déjeles un poco de tiempo para escribir las palabras que conozcan. Después reparta entre sus alumnos estas ilustraciones y las seis que aparecen en la página siguiente. Pídales que pregunten las palabras que no conocen a sus compañeros, como en el ejemplo: **¿Cómo se dice esto en español? ¿Cómo se escribe?** Después, invíteles a preguntar por el nombre de otros objetos de la ilustración o de su propia aula.

papelera

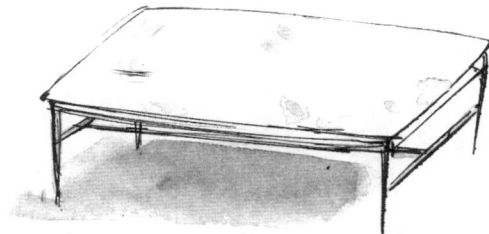

mesa

cartera

televisión

libro

cuaderno

póster

pizarra

silla

lápiz

bolígrafo

puerta

B. Explique que pueden usar esas preguntas para saber cómo se dicen otras cosas útiles. Ponga un ejemplo para llamar la atención del grupo y utilice las muestras que aparecen en este apartado. Deje un minuto para que piensen qué frases o palabras quieren conocer y luego anímeles a que se pregunten entre ellos y, si es necesario, a usted. Haga referencia al apartado *Frases para la clase* (página 17).

T TUS COMPAÑEROS DE CLASE

Conocer a los compañeros de clase (su nombre, apellido y nacionalidad). Presentaciones.

ANTES

Utilice el título de esta tarea para presentar lo que van a hacer sus alumnos. Pregunte si entienden la frase y anímeles a preguntar las palabras que no conocen. Explique que van a conocer primero a unos pocos compañeros de clase y luego al resto de la clase.

PROCEDIMIENTOS

A. Organice grupos de cuatro personas, de diferentes nacionalidades, si es posible. Explique que van a conocer a sus compañeros de grupo y que para ello pueden utilizar las preguntas de la nota de la derecha. Pídales que completen la lista con los nombres, apellidos y nacionalidades escritos correctamente.

B. Pida que elijan a una persona del grupo para que presente a sus compañeros, como en la ilustración. Deje unos minutos para que, entre todos, preparen la presentación con ayuda del ejemplo. Recuérdeles que presten atención al género y número. Haga referencia al apartado *Demostrativos* de la página 17 para que lo tengan en cuenta a la hora de preparar su presentación.

SUGERENCIAS

Puede pedir a sus estudiantes que tomen nota de los nombres, apellidos y nacionalidades de todos los compañeros para hacer la lista de la clase. Pueden hacerlo en un papel como continuación de la lista que aparece en el apartado **A**. Finalmente, pida que ordenen los nombres por orden alfabético y que comparen las listas para comprobar que todo es correcto.

Si su grupo es monolingüe, no tiene sentido que sus alumnos pregunten la nacionalidad de sus compañeros. En ese caso, puede pedir a sus alumnos que al lado de **nacionalidad**, en el cuadro, añadan **o ciudad**.

✧ ¿De dónde eres?
★ (Soy) de Roma.

Datos personales

En el Libro del alumno

T Nuestros alumnos van a hacer una agenda con los datos de sus compañeros de clase. Para ello aprenderán a pedir y dar informaciones personales: el lugar de trabajo o de estudios, la dirección, los números de teléfono y de fax, el correo electrónico...

En el Cuaderno de ejercicios

PORTADA

Puede pedir a sus estudiantes que, en parejas, imaginen una identidad para la persona de la foto. Escriba en la pizarra las siguientes preguntas para orientarles: **¿Cómo se llama? ¿Cuál es su apellido? ¿De dónde es? ¿Dónde trabaja/estudia?** Si lo prefiere, puede usar una tarjeta como las de la actividad 9 de la *Unidad 1*. Déjeles dos o tres minutos para imaginar los datos y luego pídales que lo expongan a la clase. Introduzca la pregunta **¿Qué hace?** y pida diferentes respuestas posibles.

Dé uno o dos ejemplos como: **es estudiante, es ingeniero**... Fomente que aparezcan diferentes profesiones que puedan conocer y que pregunten cómo se dicen otras en español utilizando el recurso aprendido en la *Unidad 1*: **¿Cómo se dice ... en español?**

1. UN CARNET DE IDENTIDAD

Familiarizarse con nombres y apellidos españoles.

COSAS NUESTRAS

En la actividad encontrará un documento nacional de identidad español a tamaño real visto por las dos caras. Es llamado comúnmente **carnet de identidad o D.N.I.** (de-ene-i). En el anverso del documento aparecen los datos personales del propietario, una foto y, debajo de ésta, el número de identidad con una letra (es el mismo número de otros documentos como el pasaporte o el número de identificación fiscal o NIF), la fecha de expedición, la fecha límite de validez y la firma. Recuerde que en el mundo hispanohablante se utilizan dos apellidos (en general, el primero es el primer apellido del padre, y el segundo, el primero de la madre) y que las mujeres, normalmente, conservan su apellido después de casarse. En el reverso encontrará la fecha y lugar de nacimiento, el sexo (H=hombre o M=mujer), los nombres de los padres (primero el del padre y después el de la madre) y el domicilio.

ANTES

Presente el material con el que van a trabajar en esta actividad: **un carnet de identidad**. Puede utilizar el suyo, si lo tiene, para motivar a sus estudiantes. Puede retomar las preguntas con las que empezó trabajando la foto de portada: **¿Cómo se llama? ¿Cómo se apellida? ¿De dónde es? ¿Qué hace?** Sólo podrán responder con la información del carnet a las tres primeras, pues la profesión ya no aparece en el **D.N.I.** Fomente que hagan hipótesis.

PROCEDIMIENTOS

A. Pida a sus alumnos que respondan a las preguntas de este apartado y que comenten cómo es en su lengua. Ayúdeles a descubrir cómo funcionan los apellidos en español y compruebe que lo han entendido preguntando, por ejemplo: **¿Cómo se llama el padre de José María? ¿Y su madre?** (**Francisco Javier Pons** y **Magdalena Granero**). Puede animarles a pensar cómo sería su nombre si fueran españoles.

B. Utilice los nombres que aparecen en el D.N.I. para que entiendan las palabras **hombre** y **mujer**. Añada uno o dos ejemplos más en cada columna usando nombres de personajes famosos (políticos, artistas, deportistas...), españoles y latinoamericanos. Deje uno o dos minutos para que añadan más nombres y apellidos. Después, pídales que hagan una puesta en común en pequeños grupos (de tres o cuatro).

C. Lea en voz alta los nombres que aparecen en este apartado y explique que deben clasificarlos en **nombres de hombre** y **de mujer**. Deje unos minutos para que hagan la actividad.

Para la corrección, puede optar por entregar a cada alumno una de estas tarjetas, que le servirá para corregir la mitad de los nombres. La otra mitad tendrá que averiguarla a partir de la información que tiene su compañero preguntando ¿ ... **es un nombre de hombre (o de mujer)?**

ALUMNO A

Nombres de hombre	Nombres de mujer
Jaime	María del Mar
Fabián	Dulce
Diego	Lourdes
Pablo	Dolores
	Inés

ALUMNO B

Nombres de hombre	Nombres de mujer
Guillermo	Consuelo
Ángel	Pilar
Santos	Soledad
	Montserrat
	Gabriela
	María José

Solución
Nombres de hombre: *Jaime, Guillermo, Fabián, Ángel, Diego, Santos, Pablo.*
Nombres de mujer: *Inés, María José, Consuelo, María del Mar, Pilar, Dulce, Soledad, Lourdes, Montserrat, Dolores, Gabriela.*

SUGERENCIAS
Si prefiere realizar el apartado **C** en grupo, puede repartir un nombre a cada alumno. También puede llevar a clase un carnet de identidad con espacios en blanco para que sus alumnos jueguen a completarlo con sus datos imaginando que son de nacionalidad española.

2. EN EL MÉDICO
Pedir y dar información personal.

COSAS NUESTRAS
Los números de teléfono en España tienen 9 cifras. Las 2 ó 3 primeras indican el código territorial (provincia) o si se trata de un teléfono móvil. A la hora de decir el número es habitual agruparlos de dos en dos.

ANTES
Con ayuda de la ilustración y del título presente la situación de esta actividad: en una consulta de un médico una enfermera completa la ficha personal de un paciente.

PROCEDIMIENTOS
A. En este apartado encontrarán las preguntas que hace la enfermera al paciente para completar la ficha en su ordenador. Pida a sus estudiantes que separen las preguntas que vayan escuchando. Si lo cree necesario, puede aclarar que son seis contando el ejemplo: **¿Cómo te llamas?** Hágales notar el uso del signo de interrogación **¿?** al principio y al final de la pregunta. También puede dejar un minuto antes de escuchar para que hagan hipótesis con un compañero. Proceda a la primera escucha y repita la audición si sus alumnos lo necesitan.

B. Explique que ahora tienen que escribir las preguntas del apartado **A** a la izquierda de las respuestas correspondientes, como en el ejemplo: **¿Cómo te llamas? Ramón.** Déjeles el tiempo que necesiten.

C. Después de comparar en parejas, pase a la audición para la corrección.

Al final de la actividad presente con ayuda de la página 28 de la *Gramática* de esta unidad los números del **20** al **99**. Léalos usted mismo y haga que los repitan prestando atención a la pronunciación. Luego escriba diferentes números de dos cifras en la pizarra y pídales que los digan en español. Finalmente, puede llevar diferentes tarjetas de visita, una página de una agenda completa o un fragmento de una guía telefónica para practicar los números con un juego. En grupos de tres, un alumno dice un teléfono y los otros dos estudiantes deben encontrarlo y decir el nombre de la persona a la que pertenece.

<u>Solución</u>

¿Cómo te llamas?	*Ramón*
¿Y de apellido?	*Peinado Martín*
¿Cuántos años tienes?	*Diecinueve*
¿Dónde vives?	*En la Avenida Imperial*
¿En qué número?	*En el doce*
¿Tu número de teléfono?	*Noventa y cinco, dos, veinticuatro, setenta y dos, cero, cuatro*

SUGERENCIAS
Puede invitar a sus alumnos a practicar el mismo diálogo de preguntas y respuestas en parejas utilizando sus datos personales.

Como repaso, puede hacer diferentes juegos:

1. Reparta estas tarjetas entre sus alumnos. Tienen que formar las seis preguntas lo más rápido posible.

cómo	te	llamas	y	de	apellido
cuántos	años	tienes	Dónde	vives	En
qué	número	tu	número	de	teléfono

2. Puede fabricar un juego de tarjetas de repaso con las preguntas y las respuestas para hacer parejas. Puede plantearlo como un concurso. Reparta un juego de cartas por cada dos alumnos y pídales que formen las seis parejas lo más rápido posible. Ganan los que lo hagan primero correctamente.

¿Cómo te llamas?	Ramón
¿Y de apellido? / ¿Cómo te apellidas?	Peinado Martín
¿Cuántos años tienes?	Diecinueve
¿Dónde vives?	En la Avenida Imperial
¿En qué número?	En el doce
¿Qué número de teléfono tienes?	Noventa y cinco, dos veinticuatro, setenta y dos, cero, cuatro

Las tarjetas con las preguntas puede utilizarlas también para jugar a reaccionar correctamente. En grupos de tres colocan las tarjetas boca abajo, levantan una y reaccionan con la respuesta adecuada. Por ejemplo, levantan la tarjeta con la pregunta **¿Dónde vives?** y cada uno responde con su dirección: **En la calle Atocha...**

3. LA CARTERA DE RAQUEL
Pedir y dar información sobre qué tipo de establecimiento es una empresa.

COSAS NUESTRAS
Las ilustraciones representan una tarjeta de **Crisol**, una famosa librería; una tarjeta magnética del **Ritz**, un hotel de cinco estrellas; una tarjeta de crédito del banco **Argentaria**; un carnet de estudiante de la **Universidad Autónoma de Madrid**; una tarjeta del hospital **Ruber** de Madrid; un ticket de un supermercado de la cadena **IFA** y una cuenta del conocido restaurante vasco **Arzak.**

ANTES
Asegúrese de que los estudiantes entienden los siete nombres de lugares que aparecen en esta actividad. Puede indicarles que esas palabras tienen relación con los papeles y tarjetas que tienen dibujados más abajo. Recuérdeles que pueden preguntar a sus compañeros y a usted mismo utilizando los recursos aprendidos en la unidad anterior: **¿Qué significa «librería»?, ¿Cómo se dice «librería» en ...?**

PROCEDIMIENTOS

Pida a sus estudiantes que observen con atención los dibujos y pregunte al grupo cómo se llaman los establecimientos a los que pertenecen las tarjetas y papeles: **Crisol**, el **Ritz**, **Argentaria**, la **UAM** (Universidad Autónoma de Madrid), **Ruber**, **Arzak**, **Ifa**. Después pídales que en parejas asocien cada tarjeta o papel con un tipo de establecimiento, como en el ejemplo: **¿Qué es Crisol? (Creo que es) una librería.** Llame su atención sobre el género y el artículo **un** o **una**. Finalmente compruebe en el grupo que todas las parejas han llegado a la solución correcta.

Solución
Crisol es una librería, el Ritz es un hotel, Argentaria es un banco, la UAM es una universidad, Ruber es un hospital, Arzak es un restaurante, Ifa es un supermercado.

SUGERENCIAS

Si lo prefiere, puede introducir la actividad utilizando su propia cartera, de la que puede sacar diferentes tarjetas de crédito, de empresas, de establecimientos, tickets, facturas, etc. De esta forma puede introducir el vocabulario de lugares a partir de material auténtico de establecimientos, bancos, empresas, etc., conocidos por sus estudiantes.
También puede continuar la actividad invitando a sus estudiantes a que busquen en sus carteras diferentes papeles de este tipo y a que se pregunten entre ellos ampliando el vocabulario de acuerdo con sus necesidades y su realidad.

4. ¿QUÉ HACES? ¿A QUÉ TE DEDICAS?
Clasificar vocabulario de estudios y profesiones.

COSAS NUESTRAS

Los anuncios que encontrará en esta actividad son anuncios de ofertas de empleo, con la excepción de uno de una academia de idiomas. Todos pertenecen a las páginas de empleo y trabajo que acompañan a algunos diarios españoles cada domingo.

ANTES

Presente el material en el que van a buscar el vocabulario de estudios y profesiones: anuncios de ofertas de empleo y de cursos.

PROCEDIMIENTOS

A. Pida a sus alumnos que, en parejas, subrayen en los anuncios las 10 palabras que hacen referencia a diferentes estudios y profesiones. Explíqueles que los estudios universitarios van en mayúscula, pero las profesiones no: **Periodismo/periodista**. Puede plantearlo como un concurso en el que gana la pareja que consigue encontrar todas las palabras primero. Luego, pídales que comparen sus respuestas con otra pareja.

B. Pídales que clasifiquen las palabras en los dos cuadros: **profesiones** y **estudios**. Recuérdeles que el anuncio puede ayudarles en la decisión para clasificarlos y que pueden utilizar los recursos que ya conocen para pedir el significado de las palabras a sus compañeros o a usted: **¿Cómo se dice? ¿Qué significa? Por ejemplo...** Déjeles tiempo para que completen los cuadros y después haga una puesta en común para corregir y ampliar con otras palabras que conocen. Anímeles a que pidan las palabras en español que necesitan para hablar de sus estudios y/o su profesión.

<u>Solución</u>
Profesiones: azafata, programador, camarero, vendedor, ingeniero.
Estudios: Económicas, inglés, Periodismo, Derecho, Ciencias Políticas.

SUGERENCIAS

Puede llevar a la clase las páginas de un periódico en español para presentar y contextualizar la actividad. Tras realizar la actividad, o en otra sesión, como calentamiento, puede proponer a sus estudiantes que intenten encontrar el máximo de vocabulario relacionado con estudios y profesiones en un tiempo limitado (máximo 5 minutos).

5. ¿DÓNDE TRABAJAS? ¿DÓNDE ESTUDIAS?

Hablar del trabajo o los estudios y del lugar donde se realizan.

ANTES

Explique a sus estudiantes que ahora que ya conocen vocabulario de estudios y profesiones, van a hablar con seis compañeros de lo que hacen y de su lugar de trabajo o estudios. Pida a dos estudiantes que lean el ejemplo en voz alta para que quede clara la estructura que van a utilizar.

```
◇ Raymond, ¿qué haces?
★ Soy ingeniero.
◇ Y ¿dónde trabajas?
★ En Seat.
```

PROCEDIMIENTOS

Anímelos a que se levanten y se muevan por la clase para completar la tabla con los datos de sus compañeros. Usted mismo puede participar como un miembro más de la clase. Una vez que hayan completado la tabla, pídales que verbalicen la información que han recogido siguiendo estos ejemplos: **Said estudia Farmacia en la Universidad Complutense, Giovanni es ingeniero y trabaja en Fiat.** Utilice la información de su tabla para poner los ejemplos. Invite a sus estudiantes a que añadan el vocabulario nuevo que ha podido aparecer en esta actividad en los cuadros de la actividad anterior.

SUGERENCIAS

Si el grupo con el que trabaja es pequeño, y las condiciones del centro lo permiten, puede invitar a sus alumnos a que salgan de la clase para hablar con otras personas (con sus compañeros, con alumnos de otras clases, etc.).

6. DIRECCIONES

Reconocer nombres, apellidos, direcciones y teléfonos. Escribir el nombre y la dirección en un sobre.

COSAS NUESTRAS

En esta actividad sus alumnos aprenderán a escribir direcciones en español. Por ello deberá hacer que presten atención a cómo se ordena la información: tratamiento, nombre, apellidos, calle, número, piso, código postal y ciudad. También es posible que tenga que aclarar el lugar donde se acostumbra a escribir el destinatario y el remitente en este tipo de documentos.

En la actividad encontrará un sobre por el reverso (con el remitente), un sobre (con el membrete de la empresa remitente) con la dirección del destinatario, el principio de un fax (de **SIC libros**), y el principio de una carta comercial (de **Gursa**). En los cuatro documentos encontrará abreviaturas frecuentes: **C/** (calle), **Pza.** (plaza), **Avda.** (avenida), **P°** (paseo), **izda.** (izquierda), **dcha.** (derecha), **n°** (número), **Sr.** (señor), **Sra.** (señora), **1°** (primero), **2°** (segundo), **3°** (tercero), **s/n** (sin número), **Rte.** (remite) y **Hnos.** (Hermanos).

ANTES
Pregunte a sus estudiantes dónde estudian español y escriba en la pizarra la dirección del centro donde tienen lugar sus clases. Explíqueles que ésa es la **dirección** del centro en el que estudian y remítales al título de esta actividad. Pida a sus estudiantes que busquen las direcciones de **Juan Arroyo**, el **Sr. Martínez**, **Atemsa**, **Teo Hnos.** o **Gursa** y que las señalen en el libro.

PROCEDIMIENTOS
A. Pregunte si conocen el nombre en español de los documentos que aparecen en la actividad (**sobres, carta, fax**). Explique que en ellos encontrarán las abreviaturas correspondientes a **calle, plaza, avenida, paseo, izquierda, derecha, número, señor** y **señora**. Haga dibujos muy simples en la pizarra para explicar el significado de esas palabras. Ponga ejemplos, siempre que sea posible, de la realidad de sus estudiantes (una plaza conocida de la ciudad en la que estudian, la dirección del centro en el que están, etc.). Puede también llevar a clase un plano de alguna ciudad española.
Deje dos o tres minutos para que encuentren las abreviaturas y las subrayen. Después pídales que comparen sus resultados con su compañero y finalmente haga una puesta en común escribiendo en la pizarra la abreviatura al lado del dibujo que corresponda.

B. Explique que van a escuchar tres conversaciones telefónicas de María con tres clientes y que deben marcar en la pantalla de qué clientes se trata (de los cinco que aparecen en la imagen). Ponga la audición y después compruebe, con una puesta en común, que todos los alumnos han marcado correctamente los clientes de las tres llamadas telefónicas (**Ángel Bermúdez, Raquel Pinilla** y **Colegio de Arquitectos**). Explique que las llamadas son para actualizar la base de datos, completarla o corregirla y que van a escuchar de nuevo las conversaciones para escribir en su libro los cambios que haya. Haga pausas entre las tres llamadas y deje tiempo suficiente para que tomen notas. Repita la audición si es necesario, o deje que comparen el resultado en parejas. Puede hacer una última escucha para la corrección.

Solución
Ángel Bermúdez, 96/352 54 78, 46440 Valencia, Pza. Nueva, 5
Raquel Pinilla, 91/420 78 83, 28014 Madrid, C/ Rosales, 95
Colegio de Arquitectos, 948/23 47 00, 31070 Pamplona, P° de Galicia, 4, 3° izda.

C. Pida a sus estudiantes que completen los tres sobres para enviar los nuevos catálogos a esos tres clientes y recuérdeles que pueden utilizar como modelo los documentos del apartado **A**. Después pueden corregirlo entre ellos, comparando con diferentes compañeros.

<u>Solución</u>

Sr. Ángel Bermúdez	*Sra. Raquel Pinilla*	*Colegio de Arquitectos*
Pza. Nueva, 5	*C/ Rosales, 95*	*Pº de Galicia, 4, 3º izda.*
46440 Valencia	*28014 Madrid*	*31070 Pamplona*

7. ¿DÓNDE VIVES?
Preguntar la dirección (calle, número y piso).

ANTES
Asegúrese de que sus estudiantes recuerdan y son capaces de producir los números del **20** al **99** y los números ordinales. Puede utilizar la página 28 de la *Gramática*.

PROCEDIMIENTOS
Dibuje en la pizarra un sobre con su nombre y su dirección (o una inventada) como si fuera una carta que ha recibido. Si lo prefiere, puede llevar una carta que haya recibido recientemente. Pida a sus estudiantes que hagan lo mismo con sus datos. Presente la frase **¿Dónde vives?** como la pregunta para pedir la dirección de una persona. Pida a los alumnos que lean la pequeña conversación que acompaña a la ilustración de esta actividad y anímeles a que le hagan esas mismas preguntas a usted, que responderá señalando la información que tiene en la pizarra. Explíqueles que van a hablar con sus compañeros para buscar datos en común en sus direcciones (la calle, el número de portal, el número de piso). Invíteles a que se levanten y se muevan por la clase para realizar la actividad.

SUGERENCIAS
Dependiendo de dónde trabaje, y si le parece conveniente, puede añadir a estos datos el nombre del barrio, municipio, etc.

8. ¿TÚ O USTED?
Discriminar formas de tratamiento más formales (**usted**) o menos formales (**tú**).

COSAS NUESTRAS
En la actividad, entre otros lugares, aparecen un **ambulatorio** (centro médico español de carácter público), una **oficina de atención al estudiante** (presente en todas las universidades españolas), un **Colegio Mayor** (residencia universitaria) y una **oficina del INEM** (Instituto Nacional de Empleo) u oficina de empleo.

En el español peninsular existen dos formas de tratamiento para dirigirse al interlocutor: **tú** y **usted** (Ud./Vd.). **Tú** se utiliza con los verbos y pronombres en 2ª persona del singular mientras que **usted** se utiliza con la 3ª persona del singular.
A pesar de que la elección entre una forma u otra es muy subjetiva, podemos hacer las siguientes generalizaciones: **tú** se usa, normalmente, en contextos familiares, informales, entre colegas

y entre personas de la misma edad. **Usted** se usa, generalmente, para dirigirse a personas desconocidas, personas mayores, con las que no tenemos confianza o que están por encima de nosotros jerárquicamente. Sin embargo, en ciertas relaciones de jerarquía cada vez es más frecuente el uso de **tú** (profesor-alumno, jefe-trabajador...) sobre todo cuando el trato entre los hablantes es habitual. Asimismo, hay dos formas de tratamiento para el plural: **vosotros/as** para la 2ª persona del plural y **ustedes** (Uds./Vds.) para la 3ª persona del plural.

En el español americano, aunque encontramos diferentes variedades, podemos generalizar diciendo que el uso de **usted** es mucho más amplio y, en algunos casos, alterna con el de **tú**. Para el plural en muchos países se usa **ustedes** y, en general, no existe el uso de **vosotros/as**.

ANTES

Divida la pizarra en dos partes y escriba **–FORMAL** a la izquierda y **+FORMAL** a la derecha. A continuación, escriba debajo de **–FORMAL**:

¿Dónde trabajas?
¿A qué te dedicas?
¿Qué haces?

Escriba las mismas preguntas en 3ª persona singular en la columna +FORMAL. Haga ver a sus alumnos el carácter formal de estas últimas con algún ejemplo. Finalmente escriba, con letra grande, **TÚ** bajo la columna –FORMAL y **USTED** bajo la columna +FORMAL.

PROCEDIMIENTOS

A. Presente a Marisa y a Robert. Asegúrese de que los alumnos entiendan en qué situación se encuentran los personajes en cada dibujo. Después pida a sus alumnos que, individualmente, observen los diálogos y escriban **tú** o **usted** en la casilla correspondiente. Realice una puesta en común y pregunte en qué se han basado para tomar sus decisiones. Remita a sus estudiantes a los ejemplos de la página 29 para que presten atención a los verbos, los pronombres y los posesivos. Hágales ver también la conjugación de los verbos en la página 28.

Solución
1. *tú* 2. *usted* 3. *usted* 4. *tú* 5. *usted* 6. *tú*

B. Antes de proceder a la audición, deje claro que se trata de tres pequeños diálogos en tres situaciones diferentes y que sólo tienen que señalar si la forma de tratamiento de los hablantes es **tú** o **usted**. Haga pausas entre los diálogos y repita la audición si es necesario. Tras cada escucha, haga una puesta en común preguntando por qué han marcado **tú** o **usted**.

Solución
1. *tú* 2. *usted* 3. *tú.*

SUGERENCIAS

Probablemente, sus estudiantes le pedirán una respuesta precisa a cuándo se utiliza **tú** o **usted** en español. Dado el carácter subjetivo de esta elección por parte del hablante, proponemos que lleve a clase fotos de personas diferentes, con edades diversas y escriba sobre las fotos dónde están y qué relación tienen esas personas con usted. Después diga qué forma de tratamiento utilizaría en cada caso y por qué. Sería conveniente hacerles ver algunos casos en los que **usted** está dejando de usarse (ver COSAS NUESTRAS).

A continuación, presente otras fotos para que intenten descubrir qué forma de tratamiento utilizaría con esas personas y por qué. Si alguno de sus alumnos no acierta con sus hipótesis, aclárele por qué usted ha optado por la otra opción e indíquele quién, o en qué situación, utilizaría la contraria.

Al día siguiente lleve otras fotos y deje que sean los estudiantes quienes decidan la forma de tratamiento a utilizar y usted quien tenga que descubrirla.

9. NOMBRE, APELLIDOS Y DIRECCIÓN
Completar una ficha con los datos personales de una persona.

ANTES
Recuerde a sus estudiantes cuántas cifras tienen los números de código postal y de teléfono en España. Asegúrese de que entienden qué es una **Cámara de Comercio** y aclare el significado de la palabra **envío**.

PROCEDIMIENTOS
Presente la situación y haga una primera escucha para que sus alumnos determinen si la telefonista utiliza **tú** o **usted**. Posteriormente, muestre la ficha y pídales que la completen tras una nueva escucha. Repita la audición, si lo considera necesario, y haga una puesta en común.

Solución
Apellidos: Cano Santos
Nombre: Ramón
Domicilio: C/ Mallorca   Número: 45
Código Postal: 08080   Ciudad: Barcelona   Teléfono: 93 568 30 31
Observaciones: Enviar una lista de las empresas italianas en Barcelona.

10. UN IMPRESO
Completar un impreso con los datos personales.

COSAS NUESTRAS
La Seguridad Social es un organismo que cubre, entre otros servicios, la sanidad, el desempleo, las pensiones...

ANTES
Remita a sus estudiantes a la nota de la derecha de la página y pregunte si comprenden **Estado Civil**. Asegúrese de que entienden la diferencia entre estar **casado/a**, **soltero/a**, **viudo/a** y **divorciado/a**.
Deje que aclaren entre ellos otras dudas de vocabulario que puedan tener y ayúdeles si es preciso.

PROCEDIMIENTOS
Presente el impreso e indíqueles que lo completen con sus propios datos (o con otros inventados, si así lo prefieren).

Datos para el expediente

Rellenar con letra muy clara

1. Datos personales

Apellidos ....

Nombre ....

Estado civil .... Lugar de nacimiento ....

Fecha de nacimiento .... Nacionalidad ....

Dirección .... Teléfono ....

2. Documentos de identificación

Nº de DNI / Nº de pasaporte ....

3. Datos laborales y de formación

Nº de seguridad social ....

Estudios realizados ....

Fecha .... Firma

Una vez hayan completado el impreso haga el siguiente juego de roles en parejas: uno de los estudiantes hace de secretaria/o y pide los datos de su compañero, que escribirá en una copia del impreso.

Antes de comenzar deje que entre ellos determinen si van a utilizar **tú** o **usted** y que preparen las preguntas que van a necesitar. Posteriormente cambian de rol y al final comprueban si los datos de su papel coinciden con los que su compañero tiene en el libro.

T LA AGENDA DE LA CLASE

Elaborar una agenda con los datos personales de los compañeros de clase.

ANTES

Dibuje en la pizarra una @ y pregunte si saben cómo se dice en español: **arroba**. Luego, añada a la arroba una dirección electrónica (si quiere puede darles la de su trabajo) y léala en voz alta. A continuación, pregunte si alguien tiene dirección electrónica (en España también hay gente que dice e-*mail*), pídasela y escríbala en su agenda personal. Con la agenda en sus manos proponga hacer una agenda de clase y remítalos a la página 27.

PROCEDIMIENTOS

A. Deje tiempo para que escriban los nombres de los compañeros con quienes van a hablar y para que piensen las preguntas que van a hacer. Invíteles a utilizar la *Gramática* (páginas 28 y 29). Después permita que se muevan libremente por la clase intercambiando sus datos personales. Sería aconsejable que usted mismo participara como un miembro más del grupo.

B. Anímeles a completar la agenda de toda la clase intercambiando la información que ahora tienen con la de otros compañeros.

SUGERENCIAS

Si alguno de sus estudiantes se mostrara reticente a dar sus datos personales, invítele a que utilice los datos de su lugar de trabajo o del lugar donde estudia español.

Con grupos muy numerosos, en lugar de **B**, puede hacer que, en grupos de tres, hagan una puesta en común de sus agendas sobre una nueva copia que usted les facilitará. Finalmente, recoja todas las fotocopias para que usted mismo (o algún voluntario) pueda elaborar la agenda de la clase para todos los estudiantes.

3

El mundo de la empresa

En el Libro del alumno

T Nuestros alumnos van a hacer la presentación de una empresa. Para ello aprenderán a pedir y dar información sobre una empresa: nacionalidad, actividad que realiza, localización, número de oficinas, sucursales, empleados, etc.

En el Cuaderno de ejercicios

1 Marcas, productos y nacionalidades

2 Palabras llanas y agudas

3 Localizar en un mapa: verbo **estar**

4 Pronunciación

5 Nacionalidades, tipos de empresa, actividades y productos

6 Tipos de empresa

7 Ciudades: **estar**

8 Pedir información sobre una empresa

9 Reconocer información sobre una empresa

10 Números del **100** al **1000**

11 Posesivos: singular y plural

12 Posesivos: masculino y femenino

13 Posesivos. Registro formal e informal

14 Tres anuncios de empresas

15 Corregir un anuncio

16 Reconocer la persona gramatical

17 Presentar una empresa: **tener, vender, ser, fabricar** y **estar**

18 Preguntas sobre una empresa o marca

19 Presentar una empresa

20 Un artículo de prensa sobre una empresa. Vocabulario

21 Sopa de letras

PORTADA

Puede utilizar la foto de la página 30 a modo de presentación de la unidad. Pida a los estudiantes una lluvia de palabras (en su lengua materna) que les sugiere la fotografía en un tiempo determinado, en un minuto por ejemplo. Invíteles a pedir el significado de algunas de esas palabras en español utilizando la estructura **¿Cómo se dice ... en español?** A continuación, y para enlazar con la primera actividad, céntrese en la palabra **empresa** y pregunte a sus estudiantes nombres de empresas famosas en el mundo y de algunas españolas que conozcan.

1. EMPRESAS EN EL MUNDO

Hablar de la nacionalidad de diferentes empresas.

COSAS NUESTRAS

En España los nombres de empresas extranjeras se pronuncian casi siempre "a la española". La pronunciación se acerca a las características fonéticas del español: michelín, prais guáterjaus, bolsbaguen, neslé, ápel...

- **El Corte Inglés** son unos grandes almacenes muy populares que se encuentran en las principales ciudades españolas.
- **Telefónica** era, hasta hace poco tiempo, la compañía pública que tenía el monopolio de las telecomunicaciones en España.
- **Halcón Viajes** es una cadena de agencias de viajes repartidas por toda la geografía española.
- **Renfe** (Red Nacional de Ferrocarriles Españoles) es una empresa pública española de transporte ferroviario.
- **Mapfre** es una importante compañía de seguros española.
- **Banco de Santander** era uno de los mayores bancos españoles, perteneciente al potente Grupo Santander. En 1999 se fusionó con el Banco Central Hispano. Actualmente se llama BSCH (Banco de Santander Central Hispano).
- **Sol Meliá** es una cadena de hoteles y agencias de viajes con presencia en España y en otros países como Cuba, Chile, Marruecos, etc.

ANTES

Pregunte a sus estudiantes si saben cómo se llaman esas empresas mientras señala sus logotipos. A continuación puede animarles a descubrir cómo se pronuncian generalmente en España esos nombres de empresa.

PROCEDIMIENTOS

Anime a que en pequeños grupos comenten la nacionalidad de cada una de las empresas. Finalmente, comprueban que han reconocido las empresas españolas con una puesta en común. Hay que señalar que lo importante de esta actividad es la negociación y no el resultado, por lo que no importa si los alumnos no llegan a descubrir las siete empresas españolas.

Solución
Empresas no españolas:

Nokia, finlandesa   *Benetton, italiana*
Coca-Cola, estadounidense   *Sony, japonesa*
Michelin, francesa   *Nestlé, suiza*
Volkswagen, alemana   *Apple, estadounidense*

SUGERENCIAS
Sería aconsejable llevar material auténtico sobre las empresas españolas (folletos, recortes de prensa, spots publicitarios, fotos, etc.) para que sean los propios alumnos quienes comprueben cuáles son las siete empresas.

2. TIPOS DE EMPRESA, TIPOS DE ESCUELA
Adquirir vocabulario de diferentes sectores empresariales fomentando el uso de estrategias.

COSAS NUESTRAS
Si surgiera en la clase, puede aclarar que normalmente los españoles hablamos de una **escuela de idiomas** para referirnos a una **E.O.I.** (Escuela Oficial de Idiomas), institución pública de enseñanza de idiomas.

ANTES
Puede introducir esta actividad haciendo referencia a las empresas de la actividad anterior diciendo, por ejemplo: **Nokia es una empresa de telecomunicaciones finlandesa**, **Nestlé es una empresa de alimentación suiza**, etc.

PROCEDIMIENTOS
A. Individualmente cada alumno subraya todas las palabras que entiende. Una vez subrayadas, les pedimos que hagan hipótesis sobre el significado de aquellas que desconocen apoyándose en su conocimiento del mundo y en la deducción.

B. En grupo de clase los alumnos utilizan estrategias de comunicación para comprobar sus hipótesis o para ampliar su vocabulario de acuerdo con sus intereses. Finalmente, el profesor puede comprobar la comprensión del vocabulario nuevo pidiendo nombres de empresas que conocen de diferentes sectores.

SUGERENCIAS
Como repaso, podría hacerse un juego de reconocimiento y memorización de vocabulario con dos series de tarjetas: A y B. Se colocan las tarjetas boca abajo. Después, en grupos de tres o cuatro, los estudiantes, por turnos, cogen una tarjeta A y dicen el tipo de empresa que representa antes de levantar una de las tarjetas B. Si ambas tarjetas, A y B, forman pareja, el estudiante las guarda y consigue un punto.

Serie de tarjetas A:

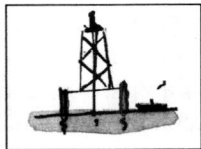

Serie de tarjetas B:

| una academia de idiomas | una escuela de negocios | una compañía aérea | una empresa de alimentación | una empresa de telecomunicaciones |
| una cadena de tiendas de ropa | una cadena de hoteles | una empresa (petro)química | un banco | una empresa de informática |

3. CIENTO Y PICO
Reconocer las centenas oralmente y por escrito.

COSAS NUESTRAS
Entre las imágenes aparecen dos productos españoles muy conocidos: una caja de **Clamoxyl**, medicamento utilizado frecuentemente en caso de infecciones de garganta, y una botella de **Brandy 103**, un clásico en cualquier bar español.

ANTES
Pregunte a sus estudiantes si conocen el nombre de los objetos que aparecen en las fotos: una indicación de autopista, un medicamento, una cámara de fotos, un coche, una calculadora, un fax, una cinta de vídeo, un ordenador y una botella. Pídales que se fijen en los pequeños círculos que aparecen a la derecha de cada objeto. Asegúrese de que sus alumnos no tienen problemas con las decenas y lea con ellos los números que aparecen escritos en la columna de la izquierda.

PROCEDIMIENTOS
A. Individualmente buscan el número en letra correspondiente en la columna de la izquierda. Hay que advertirles de que los números están desordenados. Deje tiempo suficiente para que puedan completar los nueve espacios escribiendo los números.

B. Explique que van a escuchar nueve diálogos en los que se dicen esos números y que deben seguirlos para comprobar que han realizado bien el ejercicio. Tras una primera escucha, déles un minuto para que comparen el ejercicio en parejas. Compruebe que todos los alumnos han completado el ejercicio de la misma manera y realice una última escucha.

Solución
1. *ochocientos cuarenta*
2. *setecientos cincuenta*
3. *trescientos*
4. *doscientos catorce*
5. *quinientos veinticinco*
6. *novecientos cincuenta y seis*
7. *ciento ochenta*
8. *seiscientos treinta*
9. *ciento tres*

SUGERENCIAS

Escriba en la pizarra, en columna, las centenas (en número) ordenadas del **100** al **900** y pida a sus alumnos que escriban, en grupos de tres, esos números. Pueden completarlo y corregirlo utilizando la página 38 de la *Gramática* de esta unidad. Los números **100** y **400** pueden ofrecer dificultades porque no aparecen en el ejercicio.

También puede plantear un juego en grupos de cuatro: tres dicen un número del 0 al 9 y el cuarto dice el número que resulta al escribir cada número en el orden en que se han ido diciendo.

✧ Uno.
★ Cero.
○ Cuatro.
▲ Ciento cuatro.

4. ¿DÓNDE ESTÁ CURRO?
Localizar a una persona en una ciudad o un país.

COSAS NUESTRAS
Los españoles, en general, suelen viajar en Navidad, Semana Santa o durante el verano, normalmente en agosto. Algunos de los destinos preferidos por muchos españoles son: Marruecos, San Sebastián, Londres, Nueva York, Cuba, Suiza, París, La India...

ANTES
Anuncie a sus estudiantes que en esta actividad aparecen fotos de las vacaciones de un español. Pídales que, en un minuto, escriban en un papel nombres de ciudades y países a los que ellos y la gente de su país van de vacaciones. Compruebe que saben escribirlos en español y pronunciarlos correctamente haciendo una puesta en común en la clase y escribiéndolos en la pizarra.

PROCEDIMIENTOS
Déjeles tiempo para que observen los dibujos y hagan sus hipótesis sobre dónde está el personaje. Explique que van a comparar sus hipótesis con un compañero y lea con ellos el ejemplo marcando la pronunciación: **Aquí está en Egipto**. Los alumnos comentan en parejas los ocho dibujos. Finalmente haga una puesta en común señalando cada ilustración.

<u>Solución</u>
El objetivo de la actividad no es llegar a una única solución, sino provocar la interacción. Por otra parte, sólo 3, 4, 6, 7 y 8 tienen una solución única porque incluyen algún monumento o elemento que da pistas claras sobre el lugar del que se trata.

1. *Casablanca, Marruecos, Egipto, Túnez...* 5. *Cuba, Puerto Rico, Costa Rica...*
2. *San Sebastián, País Vasco, Italia, Grecia...* 6. *Suiza, Los Alpes...*
3. *Londres, Inglaterra, Reino Unido...* 7. *París, Francia...*
4. *Nueva York, EE.UU...* 8. *La India...*

SUGERENCIAS
Puede comparar la lista de países y ciudades que hicieron sus alumnos antes de empezar con los lugares que aparecen en la actividad.

5. EMPRESAS
Reconocer el tipo de empresa y su nacionalidad.

ANTES
Asegúrese de que sus estudiantes recuerdan el vocabulario de la actividad 2.

PROCEDIMIENTOS
A. Tape las dos columnas de la derecha en su libro y muestre a sus estudiantes la columna de empresas. Léalas en voz alta antes de proceder a la escucha. Pídales que ordenen del 1 al 6 los nombres de empresas según van apareciendo en las conversaciones. Finalmente comparan sus resultados con su compañero.

B. Antes de realizar esta segunda audición, escriba en la pizarra **Gursa es una compañía de seguros española** y anime a sus alumnos a que hagan hipótesis a partir del nombre de algunas empresas (por ejemplo **Yen Bank**). Haga la escucha con pausas para que tengan tiempo de completar las columnas.

C. Los estudiantes comprueban sus resultados en parejas.

Solución
1. *Gursa es una compañía de seguros española.*
2. *Montelera es una consultoría italiana.*
3. *Damsum es una empresa de alimentación holandesa.*
4. *Pereira Irmâos es una cadena de tiendas de moda brasileña.*
5. *Yen Bank es un banco japonés.*
6. *Von Guten es un banco alemán.*

SUGERENCIAS
Se puede plantear un juego en parejas con las empresas de la actividad 1 donde un estudiante dice el tipo de empresa y la nacionalidad de una de ellas y el otro debe descubrir cuál es.

◇ Es una empresa de alimentación suiza.
★ Nestlé.

6. ¿ESTUDIAS O TRABAJAS?
Hablar de dónde trabajan o estudian otras personas.

ANTES
Si sus estudiantes trabajan en la misma empresa, o no tienen empleo ni estudian, pídales que imaginen que trabajan o estudian en una empresa o escuela ideal.

PROCEDIMIENTOS
Escriba la primera columna de la actividad con los datos del centro donde usted da clase de español y, a continuación, invite a sus alumnos a que la completen con sus datos. Luego explíqueles que van a completar las otras columnas con los datos de tres o cuatro compañeros. Deje que escriban sus nombres en la parte superior de cada columna. Después pídales que lean la ilustración de la actividad y hágales verbalizar las preguntas que van a necesitar para

completar la tabla. Una vez que hayan terminado, pregunte quién trabaja y/o estudia y haga otras preguntas a propósito de sus empresas y escuelas: **¿Dónde trabajas? ¿Es una empresa alemana? ¿Trabajas con españoles?** ...

SUGERENCIAS
Intente que busquen puntos en común.

✧ Mark **trabaja en una compañía de seguros y yo también. Issam trabaja en una empresa francesa y yo también...**

7. ESPAÑA PRODUCE...
Hablar de las actividades comerciales de diferentes países.

COSAS NUESTRAS
Entre otras cosas, España produce naranjas, aceite de oliva...; vende electrodomésticos, moda...; hace zapatos, coches, productos cosméticos...; exporta zapatos, juguetes, conservas, maquinaria...; compra tecnología, petróleo...

ANTES
Pregunte a sus estudiantes si saben qué significan los nombres de los productos que aparecen en la columna de la derecha (**petróleo, naranjas, ordenadores, relojes, aviones, coches, café, vino, tecnología**). Compruebe que no hay problemas de comprensión. La actividad presenta algunos verbos de actividades comerciales (**producir, hacer, vender, exportar, comprar**); intente hacerlos comprensibles a sus alumnos mediante ejemplos del tipo **España produce naranjas, hace coches, exporta vino, compra petróleo...**

PROCEDIMIENTOS
A. Deje tiempo para que los alumnos relacionen las frases.

B. Pida que se coloquen en parejas para comparar y ampliar el resultado del primer apartado.

C. Pídales que piensen en las actividades comerciales que realiza su país u otros países que les interesan. Anímeles a que pidan a sus compañeros o a usted el vocabulario que necesiten para escribir frases como las anteriores. Después, escriba en la pizarra tres columnas: **-ar, -er, -ir**. Haga que lean sus frases en voz alta y a medida que vayan apareciendo otros verbos usted los va escribiendo en el lugar que les corresponda.

-AR	-ER	-IR
exporta	vende	produce
compra	hace	distribuye*
fabrica		
importa		

Cuando finalicen, hágales notar que se trata de la 3ª persona del singular del Presente de Indicativo en las 3 conjugaciones (verbos que terminan en -AR, -ER, -IR). Si sale alguno, marque los verbos que son irregulares en esa persona (*).

SUGERENCIAS
Si tiene alumnos del mismo país podrían realizar la actividad refiriéndose a su ciudad, región...

8. EMPRESAS DE TU PAÍS
Hablar de actividades comerciales de una empresa.

COSAS NUESTRAS
Zara es una cadena de tiendas española con presencia en el mercado internacional de ropa y complementos. **Repsol** es una empresa petroquímica española. Sus gasolineras están repartidas por todo el territorio nacional y en el extranjero. **Ocaso** es una compañía de seguros española muy conocida.

ANTES
Para presentar la actividad y las empresas españolas que aparecen en el cuadernillo de la derecha, puede llevar a clase objetos relacionados con ellas: bolsas, folletos, anuncios...
Pregunte a sus alumnos si conocen esas tres empresas españolas y qué hacen. Anímeles a que le pidan información utilizando el ejemplo como modelo.

PROCEDIMIENTOS
Pida a sus estudiantes que escriban en un papel el nombre de tres empresas conocidas de su país o región y que después lo pasen a su compañero.
Explique que tienen que descubrir y/o asegurarse de qué tipo de empresa se trata y las actividades que realiza.

SUGERENCIAS
Puede aprovechar esta ocasión para que los estudiantes pregunten a sus compañeros por otras empresas que les interesen.

9. HOLDINGS
Pedir y dar información sobre tipos de empresa, instalaciones y número de empleados.

ANTES
Asegúrese de que conocen el vocabulario que aparece en las tablas.

PROCEDIMIENTOS
Divida la clase en parejas y deje claro quién es el alumno A y quién el alumno B. A continuación llame la atención de todos los alumnos A señalándoles la tabla superior e indicándoles que completen con los datos de sus supuestas empresas. Haga lo mismo con los alumnos B señalándoles la tabla inferior. Si fuera necesario amplíe el vocabulario (**sucursales, centros**...).

Una vez que toda la clase haya completado su tabla, hable sobre la concordancia de género entre las centenas y los sustantivos con frases como: **POTASA es una empresa química, tiene doscient<u>os</u> laboratorios y novecient<u>os</u> empleados, quinient<u>as</u> mujeres y cuatrocient<u>os</u> hombres.**

Puede utilizar la sistematización y los ejemplos que encontrará en la página 38 de la *Gramática* en los apartados *Género de las centenas* y *Plural de los sustantivos*. Posteriormente hágales ver la muestra de lengua que se encuentra en el centro y deje que los alumnos preparen las preguntas que necesitan para completar la tabla de su compañero. Marque la concordancia de género entre el interrogativo **cuántos/as** y el sustantivo. En parejas formulan las preguntas y completan la tabla de su compañero. Finalmente comprueban si tienen los mismos datos.

10. ¿QUÉ ES? ¿DÓNDE ESTÁ?
Identificar un tipo de empresa y su localización.

ANTES
Explique a los alumnos que en la columna de la izquierda encontrarán cinco nombres de empresas o establecimientos. Lea los nombres con ellos y pídales que hagan hipótesis, utilizando el vocabulario de la columna central, sobre qué es cada una de ellas: **Sanitax es un hospital.**

PROCEDIMIENTOS
A. Anuncie a sus estudiantes que van a escuchar 5 pequeñas grabaciones con las que podrán descubrir qué es cada una de esas empresas. A continuación pase la grabación una vez para que unan los elementos de la columna de la izquierda con los de la central. Repita la audición una vez más para que puedan completar el ejercicio uniendo con la tercera columna. Utilice el ejemplo **Sanitax es un hospital y está en Barcelona** para hacerles ver que en esta ocasión van a trabajar la localización.

B. Pida a sus estudiantes que, en parejas, comparen sus resultados construyendo frases como la del ejemplo. Marque la diferencia entre **es** y **está en**. Puede escribir estos verbos sobre las flechas del apartado A.

Solución
Sanitax es un hospital y está en Barcelona.
Ñam's es un restaurante y está en la calle Sierpes.
Masterplus es un escuela de negocios y está en Madrid.
La Mode es una cadena de tiendas de ropa y está en toda España.
Supereco es un supermercado y está en la avenida de Castilla.

SUGERENCIAS
Puede aprovechar este momento para sistematizar el uso de **ser** para definir una empresa y de **estar** para localizarla. Utilice la página 39 de la *Gramática*.

11. ANUNCIOS DE EMPRESA

Comprender información básica en un anuncio de una empresa.

COSAS NUESTRAS

En esta actividad se muestran anuncios de supuestas empresas españolas. Son representativas de sectores muy importantes para la economía española: la moda, la agricultura y la industria automovilística.

ANTES

Tenga en cuenta que las empresas anunciadas son ficticias y que los anuncios, por tanto, no son reales aunque se acercan a lo que podríamos encontrarnos en la realidad.

PROCEDIMIENTOS

Llame la atención sobre los dibujos que hay en la parte inferior y haga que sus estudiantes digan vocabulario relacionado con ellos. Posteriormente, señale los 3 anuncios para que antes de leerlos digan qué empresas se anuncian y a qué sector creen que pertenecen. A continuación, pídales que comprueben sus hipótesis leyéndolos.

Después, anímelos a realizar una nueva lectura para señalar, con un número, a qué anuncio corresponde cada uno de los dibujos. Finalmente comparan con su compañero.

Solución

¿QUÉ ES?	¿QUÉ HACE?	¿DÓNDE ESTÁ?	¿CUÁNTOS/AS... TIENE?
3	1	2	1
2	2	1	3
1	3	3	2

SUGERENCIAS

Puede pedir a sus alumnos que verbalicen el resultado de la comprensión lectora y que uno de ellos lo escriba en la pizarra: **Chancla es una cadena de tiendas que vende ropa, está en España y tiene 50 tiendas y más de 300 empleados.** Puede aprovechar para introducir el uso del pronombre relativo **que**.

CREA TU EMPRESA

Crear una empresa imaginaria, buscar socios, preparar un anuncio y hacer una presentación en público.

ANTES

Explique con claridad cuál es el objetivo de la tarea y los pasos que van a seguir. Puede apoyarse en los apartados de la tarea. Puede empezar pidiendo a sus alumnos que escriban 3 tipos de empresa que creen que pueden funcionar bien en España. Después haga una puesta en común.

PROCEDIMIENTOS

A. Deje tiempo para que cada estudiante piense qué tipo de empresa quiere crear en España. Anímeles a que busquen dos o tres socios utilizando los recursos del ejemplo. Si algún alumno se quedara solo, podría unirse a otro grupo o bien, si lo prefiere, trabajar individualmente.

B. Una vez formados los grupos, van a negociar las características de su nueva empresa completando la tabla de este apartado.

C. Pida a cada grupo que prepare un anuncio y un logotipo de su empresa en un papel en blanco sin que los otros grupos lo vean. Recuérdeles que en la actividad 11 tienen 3 ejemplos de anuncios. Antes de que le entreguen el anuncio, sugiérales que, entre todos, corrijan los posibles errores.

D. Deje tiempo a los grupos para que preparen la presentación de su empresa y para que decidan quién o quiénes van a hacerla y cómo (en la pizarra, en el retroproyector...). Recuérdeles que la ilustración y la muestra pueden servirles de ayuda. Mientras, usted puede ir colocando los anuncios en un lugar visible de la clase. Espere a que terminen todas las presentaciones antes de que indiquen a qué empresa presentada corresponden los anuncios.

SUGERENCIAS
Para preparar los anuncios, puede llevar a clase material como cartulinas, papeles de colores, lápices, rotuladores, tijeras, revistas, pegamento, etc.
Si los alumnos lo desean, podrían preparar y hacer en clase la presentación de la empresa en la que trabajan en la actualidad.

4

Le presento al director general

En el Libro del alumno

T Nuestros alumnos aprenderán a presentar a alguien y a reaccionar ante una presentación en situaciones formales y menos formales. Para ello aprenderán a hablar de una tercera persona: profesión, cargo, lugar de trabajo, carácter y relación que tienen con ella...

En el Cuaderno de ejercicios

PORTADA
Escriba en la pizarra las siguientes preguntas, que recogen los contenidos aprendidos en las unidades 2 y 3:
¿Qué tipo de empresa es? ¿Cuál es su apellido? ¿Cuántos años tiene? ¿Qué hace? ¿Dónde está? ¿Cómo se llama? ¿De dónde es? ¿Dónde trabaja? ¿Dónde vive? ¿En qué calle/número/piso vive? ¿Qué número de teléfono/fax tiene? ¿Cuántos empleados tiene? ¿Qué dirección de correo electrónico tiene? ¿Cuántas oficinas tiene? Pídales que, en parejas, las clasifiquen en dos grupos: **Para hablar de personas** y **Para hablar de empresas**. Avíseles de que muchas de las preguntas se pueden utilizar para los dos objetivos. Luego, pueden comparar el resultado con otras parejas de la clase. Finalmente haga una puesta en común.

<u>Solución</u>

Para hablar de personas	Para hablar de empresas
¿Cuál es su apellido?	*¿Qué tipo de empresa es?*
¿Cuántos años tiene?	*¿Qué hace?*
¿Qué hace?	*¿Dónde está?*
¿Dónde está?	*¿Cómo se llama?*
¿Cómo se llama?	*¿De dónde es?*
¿De dónde es?	*¿Qué número de teléfono/fax tiene?*
¿Dónde trabaja?	*¿Cuántos empleados tiene?*
¿Dónde vive?	*¿Qué dirección de correo electrónico tiene?*
¿En qué calle/número/piso vive?	*¿Cuántas oficinas tiene?*
¿Qué número de teléfono/fax tiene?	
¿Qué dirección de correo electrónico tiene?	

A continuación, pase a la página 40 del *Libro del alumno* para presentar la foto con la que van a trabajar sus estudiantes. Pídales que intenten responder a las preguntas que les parezcan más interesantes y que imaginen los datos del hombre de la foto y de la empresa en la que creen que trabaja. Según el número de alumnos que haya en su clase, puede pedirles que realicen la actividad individualmente o en parejas. Negocie con sus alumnos el tiempo que necesitarán para preparar su presentación. Recomiéndeles no sobrepasar los 10 minutos. Recuérdeles que usted puede ayudarles a resolver sus dudas de vocabulario o de otro tipo para realizar la actividad. Luego, dé paso a las diferentes presentaciones.

1. MIS PRÁCTICAS EN ESPAÑA
Preguntar por la identidad de alguien y hablar de su carácter.

ANTES
Explique a sus alumnos que en esta actividad aparecen tres fotos de **Erik**, un estudiante sueco que ha estado en Barcelona haciendo unas prácticas en **Ikea**, y que van a conocer a las personas de las fotografías. Pregunte **¿Quién es Erik?** Pídales que lo identifiquen en las tres fotos y que escriban su nombre en la etiqueta. Luego, pregunte **¿Dónde está?** señalando cada una de las fotos. Posibles respuestas son: **Aquí está en la clase de español, aquí en Ikea y aquí en la playa**.

PROCEDIMIENTOS

A. Pida a sus estudiantes que escriban el nombre de las otras personas de las fotos después de leer los pies de foto. Recuérdeles, si es necesario, la pregunta que aprendieron en la actividad 1 de la *Unidad 2*: **¿X es un nombre de hombre o de mujer?** Después, deje que lo comparen con otros compañeros para corregir los errores que pudiera haber.

B. Deje tiempo para que, en parejas, hagan hipótesis sobre la relación entre **Erik** y las otras personas de las fotos utilizando el vocabulario y la muestra de lengua de este apartado. Si se lo piden, explique las palabras que sus alumnos no conozcan y presente la estructura **A mí me parece que...** como una forma de expresar una opinión. Presente también las frases: **A mí también** para mostrar acuerdo y **Pues, a mí me parece que...** para mostrar desacuerdo:

★ A mí me parece que Philip es un amigo.
✧ A mí también.
○ Pues a mí me parece que es un compañero de clase.

En este momento, si lo cree necesario o sus alumnos se lo preguntan, puede aclarar por qué utilizamos en unos casos **su** (**su novio**) y en otros **un** (**un amigo**).

Solución
Philip es un compañero de clase.
Pepa es su profesora de español.
Naoko es una compañera de clase.
Ángel es su jefe.
Virginia es una compañera de trabajo.
Marta es su novia.
Héctor es un amigo.

C. Ponga la audición para comprobar que han acertado con sus hipótesis en B. Explique la situación de las conversaciones: **Erik enseña sus fotos y habla de sus amigos y compañeros.** Proponga a sus estudiantes clasificar el vocabulario de la izquierda en **adjetivos positivos** o **negativos**. Vaya escribiendo en la pizarra el resultado y animando a sus estudiantes a que se expliquen entre ellos el significado de esas palabras.

Solución

+			-
profesional	*competente*	*amable*	*tímido/a*
responsable	*simpático/a*	*agradable*	*vago/a*
interesante	*trabajador/a*		*antipático/a*
inteligente	*guapo/a*		

Deje que sean ellos los que decidan si ser joven es positivo o negativo. Aclare que en español **ser serio/a** puede utilizarse con valor positivo o negativo, según la situación. En general, se puede decir que tiene valor positivo en el trabajo y en situaciones de responsabilidad. Sin embargo, es negativo en el caso de situaciones informales, con amigos y familiares. Pase a la segunda escucha en la que deben discriminar los adjetivos usados para hablar de **Pepa y Naoko (1), Ángel y Virginia (2) y Marta y Héctor (3)** y después, escribirlos donde corresponda. Haga una pequeña pausa tras cada intervención para que sus alumnos tengan tiempo de escribir. Después, haga una corrección con toda la clase.

<u>Solución</u>
Pepa es simpática.
Naoko es trabajadora y tímida.
Ángel es competente y profesional.
Virginia es joven y responsable.
Marta es guapa.
Héctor es interesante.

SUGERENCIAS
Prepare tantas tarjetas como personas haya en su clase; contándose usted mismo. Escriba en cada una de ellas el nombre de una persona de clase y a continuación **es...** de forma que quede una frase incompleta con un espacio en blanco. Reparta las tarjetas de manera que cada uno tenga un nombre que no sea el suyo. Pida a los estudiantes que completen la frase con los adjetivos positivos que ya conocen o con otros que le pidan. Luego, puede recoger las frases, leerlas y colocarlas en el corcho o en la pared de la clase.

Eva es...

2. ÉSTE ES ERIK
Discriminar auditivamente quiénes son las personas que están siendo presentadas.

ANTES
Como en la actividad anterior, pregunte **¿Dónde está Erik?** señalando cada una de las situaciones. Pregunte después **¿Quién es Paco?** e indíqueles que deben buscar la respuesta en la instrucción: **su compañero de piso.** Pídales que busquen a **Paco** en las cuatro situaciones y explíqueles que está presentando a **Erik** a diferentes personas. Asegúrese de que sus alumnos conocen los nombres y apellidos que van a escuchar: **Antonio, Lola, el señor García, Susana López.** Para ello, puede pedirles que digan los nombres de hombre y de mujer que recuerdan. Usted puede dar diferentes nombres y apellidos para clasificar, entre los cuales puede incluir aquellos que sus alumnos necesiten reconocer en esta actividad.

PROCEDIMIENTOS
Explíqueles que escucharán las cuatro conversaciones y que sólo deben tomar nota del nombre de la persona que **Paco** presenta a **Erik.** Tras la primera escucha, deje que comparen entre ellos. En la siguiente escucha completarán la segunda parte de la frase, la relación que tienen esas personas con **Paco.** Después de comparar con otros compañeros, pase a una escucha final.

Solución

1. *Es Antonio y es un amigo de Paco.*
2. *Es Lola y es una compañera de clase de Paco.*
3. *Es el señor García y es el jefe de Paco.*
4. *Es Susana López y es la profesora de Paco.*

SUGERENCIAS

Puede utilizar las transcripciones de las conversaciones para que, recortadas en cuatro tarjetas, las asocien a las situaciones de los dibujos y comprueben si han completado las frases del ejercicio correctamente.

3. EN LOS LABORATORIOS MAYER

Localizar un departamento en un edificio.

ANTES

Presente a sus estudiantes el objetivo de esta actividad. Llame su atención sobre las placas de los departamentos, la ilustración que representa el edificio de una empresa química, **los laboratorios Mayer**, y sus diferentes plantas.

PROCEDIMIENTOS

Pídales que, en parejas, fijándose en los dibujos y con ayuda de sus conocimientos de lenguas, intenten localizar los departamentos en la planta correspondiente. Indíqueles que pueden utilizar las mismas estructuras que encuentran en el ejemplo y llame su atención sobre el uso del artículo **el** delante de la palabra **departamento**. Mientras sus alumnos realizan la actividad, haga un dibujo esquemático del edificio con las seis plantas y sus placas en blanco. Cuando hayan terminado, vaya preguntándoles por cada departamento y complete las placas. Pregunte a sus estudiantes si conocen el nombre en español de otros departamentos y haga una puesta en común tomando nota en la pizarra. Anímeles a que pregunten por los departamentos de la empresa donde trabajan.

SUGERENCIAS

Puede proponer a sus estudiantes que escriban en su cuaderno los nombres de los departamentos que hay en su empresa y que dibujen un esquema del edificio o del lugar donde trabajan. En el caso de que sus alumnos sean estudiantes, pueden hacer lo mismo con una empresa que conozcan o con la escuela donde estudian. Después, propóngales que intercambien el cuaderno con el compañero para que conozcan su lugar de trabajo y los departamentos que hay.

4. SALUDOS Y DESPEDIDAS

Familiarizarse con formas de saludarse y de despedirse en diferentes situaciones.

COSAS NUESTRAS

En esta actividad encontrará tres formas de saludo y tres de despedida en diferentes situaciones y a diferentes horas del día. Recuerde que las formas **¡Buenos días! ¡Buenas tardes!** y **¡Buenas noches!** pueden unirse tanto a un saludo como a una despedida y que su uso depende de la hora del día, si es antes o después de comer, y de si ha anochecido o no. Podemos generalizar diciendo que usamos **¡Buenos días!** hasta las 14:00 aproximadamente, cerca de la hora habitual de comer en España (que va de las 14.00 a las 15.30). Usamos **¡Buenas tardes!** hasta las 21.00 aproximadamente, cuando ya es de noche, o empieza a anochecer (en verano) y ya se ha dejado de trabajar. En general, **¡Buenas noches!** es la forma que usamos a partir de las 21.00, a la hora de cenar, y también cuando nos despedimos para irnos a dormir.

ANTES

Explique el significado de **saludos** y **despedidas**, el título de la actividad, y pida a sus estudiantes que busquen las tres situaciones de saludo y las tres de despedida fijándose muy bien en las ilustraciones y en los relojes que aparecen en ellas. (Saludos: 1, 2 y 3; Despedidas: 4, 5 y 6).

PROCEDIMIENTOS

A. Dé tiempo a sus estudiantes para que, individualmente, relacionen cada diálogo con su situación y escriban el número que corresponda. Explique que van a escuchar las conversaciones y comprobar si su ejercicio es correcto. Deje que, antes, lo comparen entre ellos, para que revisen sus hipótesis hablando con otros compañeros.

B. Pase a la audición y repítala las veces que sea necesario, aclarando las posibles dudas de sus alumnos.

Solución

1. - *Hola Mónica. Buenos días. ¿Está Javier?*
   - *Hola. Buenos días. Sí, está en su despacho.*

2. - *Hola buenos días.*
   - *Hola, ¿qué tal?*

3. - *INTERDATA, buenas tardes. ¿Dígame?*
   - *Hola. Buenas tardes. ¿El Señor Márquez, por favor?*

4. - *Buenas tardes.*
   - *Adiós. Buenas tardes.*

5. - *Hasta mañana.*
   - *Hasta luego.*

6. - *Adiós. Buenas noches.*
   - *Buenas noches.*

SUGERENCIAS

Puede remitir a sus estudiantes a la página 50 para sistematizar las diferentes posibilidades de saludos y despedidas. Asimismo, puede aprovechar para presentar cómo se dicen las horas en punto y las horas y media y retomarlo en la actividad siguiente con ayuda de la agenda.

5. UN DÍA DE TRABAJO
Saludar y preguntar por alguien en diferentes situaciones.

COSAS NUESTRAS
A la derecha de la página aparece una parte de una agenda correspondiente al día **13 de junio, San Antonio de Padua**. Tradicionalmente, en España, cada día del año se recordaba a uno o más santos del santoral católico. Esta tradición religiosa ha trascendido al ámbito popular de modo que, por ejemplo, el **13 de junio** es un día especial para todas las personas que se llaman Antonio o Antonia. A menudo se celebra con una comida y las personas más allegadas suelen ofrecer algún pequeño regalo al homenajeado.

ANTES
Muestre el lado derecho de la página y pregunte con cuántas personas tiene que hablar el propietario de esa agenda y a qué hora.

PROCEDIMIENTOS
Presente la situación y pídales que, individualmente, escriban una frase para cada una de las situaciones. Deje claro que puede haber más de una posibilidad. Cuando hayan terminado, haga que comparen sus frases en pequeños grupos permitiendo que se corrijan entre ellos. Finalmente realice una puesta en común.

SUGERENCIAS
Tras la puesta en común, puede hacer una dramatización, para cada una de las situaciones, con cinco parejas de alumnos.

6. REUNIÓN CON EL NUEVO PRESIDENTE
Discriminar nombres, apellidos y cargos en la dirección de una empresa. Familiarizarse con el nuevo vocabulario y la situación de presentación.

ANTES
Presente la situación que aparece en la ilustración haciendo alusión al título de esta actividad. Pídales que localicen en el dibujo al **nuevo presidente** y luego a la persona que le va a presentar a los directivos de la empresa. Asegúrese de que recuerdan el vocabulario de departamentos que han visto en la actividad 3 y pídales que asocien cada uno de los cargos que aparecen en las etiquetas con el departamento correspondiente.

PROCEDIMIENTOS
A. Explique que van a escuchar la presentación de los directivos las veces que lo necesiten y que tendrán que discriminar los cargos de cada uno de las personas que hay alrededor de la mesa: **Eduardo Higueras, Matilde Corral, Antonio Argumosa, Felipe Gutiérrez y Arancha Solchaga**. Pase a la primera escucha. En la segunda, haga pausas entre cada nueva persona presentada para que tengan tiempo de tomar nota.

B. Invíteles a que comparen su resultado con el de un compañero y dé un ejemplo: **El señor Álvarez de Yraola es el nuevo presidente**. Repita la audición en caso de que sus alumnos tengan dudas.

<u>Solución</u>
Eduardo Higueras: Director general
Matilde Corral: Directora de Formación
Antonio Argumosa: Jefe de Investigación y Desarrollo
Felipe Gutiérrez: Jefe de Ventas
Arancha Solchaga: Jefa de Administración

SUGERENCIAS
Puede corregir esta actividad relacionándola con la actividad 3 de esta unidad: vocabulario de departamentos y plantas de un edificio. Pregunte a sus estudiantes **¿Dónde trabaja... ?** Las respuestas pueden ser: **En el departamento de...**, **en la planta...**

7. EL PERSONAL DE PHILIS EN ZARAGOZA
Preguntar por la función de una persona en una empresa.

ANTES
Asegúrese de que todos sus alumnos conocen el significado del vocabulario que aparece en los recuadros azules. Explique el significado del verbo **llevar** en este contexto con ejemplos del tipo: **Ángel es el Jefe de Contabilidad de mi empresa, lleva la contabilidad, ¿Quién lleva el Departamento de Finanzas?, ¿Quién es el Director financiero?** y remita a sus estudiantes a los apartados *SER + cargo, LLEVAR, Identificar a alguien* y *Preguntar por la identidad de alguien* de la página 50.

PROCEDIMIENTOS
Divida la clase en parejas A y B y presente la situación. Déles tiempo para que escriban los cargos de cada una de las personas debajo de la foto correspondiente. Antes de que procedan a preguntar al compañero por los datos de las otras personas, llame la atención sobre la muestra de lengua y recuerde, con toda la clase, las diferentes posibilidades que han visto para preguntar la función de una persona en una empresa.

SUGERENCIAS
Si sus alumnos trabajan en una empresa, anímelos a que lleven a clase fotos de sus compañeros (por ejemplo, las publicadas en un folleto o el anuario de la empresa) y los presenten.

8. TARJETAS DE VISITA
Pedir información laboral de una persona.

ANTES
Escriba en la pizarra 1º, 2º, 3º, 4º, 5º y recuerde cómo se dicen esas abreviaturas. A continuación escriba 1ª, 2ª, 3ª, 4ª, 5ª dejando que sus alumnos averigüen las formas femeninas de estos adjetivos numerales. Muestre algunas tarjetas de visita que usted tenga y pregúnteles si alguno de ellos tiene alguna. Haga que las comparen y que comprueben si todas contienen los mismos datos. A continuación, remítalos a las tarjetas de la actividad y pídales que busquen en ellas las abreviaturas de las palabras **planta** y **extensión**. Deje que lean las ocho tarjetas y que aclaren las dudas de vocabulario que puedan tener.

PROCEDIMIENTOS

Presente la situación e indique a sus estudiantes que usted va a dar los datos de uno de los trabajadores de un periódico para que ellos descubran quién es. A continuación, y poco a poco, vaya dando los datos de **Carmen Díaz: trabaja en ACB, es periodista, trabaja en la 2ª planta...** Cuando ya sepan de quién se trata, escriba estas preguntas en la pizarra:

¿Dónde trabaja?
¿Qué hace?
¿En qué planta trabaja?
¿Qué extensión tiene?

Pídale entonces a uno de sus alumnos que seleccione una tarjeta y hágale las preguntas anteriores para descubrir cuál ha elegido. Finalmente, divida la clase en parejas e invíteles a hacer lo mismo un par de veces.

SUGERENCIAS

Puede llevar a clase un montón de tarjetas de visita auténticas y realizar el siguiente juego: extienda todas las tarjetas en una mesa o en el suelo, permita que todos los estudiantes tengan acceso a ellas. Seleccione mentalmente una de ellas e invite a sus alumnos a que le hagan preguntas como **¿Dónde trabaja? ¿Dónde vive? ¿Qué teléfono tiene?** ... Indíqueles que, en el momento de su respuesta, tienen que ser rápidos y coger la tarjeta correcta. Es posible que, en algún momento, varias tarjetas sean correctas. Al final gana el que más tarjetas consiga.

9. AMIGOS, FAMILIA Y COMPAÑEROS

Pedir y dar información de una persona.

ANTES

En la pizarra o en la pared, con cartulinas de colores, represente unos círculos como los de la actividad con su nombre en el del centro y con el nombre de personas próximas a usted en los otros. Si es posible, incluya a algún amigo, a algún miembro de su familia y a alguien de su trabajo. Intente incluir a personas que puedan llamar la atención de sus estudiantes por la relación que puedan tener con usted, por el tipo de trabajo que tengan, por su carácter... Lea los nombres de todos ellos e indique que se trata de gente muy próxima a usted. Invite a sus alumnos a que le hagan preguntas sobre esas personas y respóndales ampliamente.

PROCEDIMIENTOS

A. Muestre los círculos de la actividad y pida que, individualmente, completen el mayor número de círculos posibles. A continuación, deje tiempo para que piensen en las respuestas a las preguntas de la derecha para cada uno de los nombres que hayan escrito.

B. Llámeles la atención sobre la muestra de lengua, dé un ejemplo más con alguno de los nombres que usted había escrito anteriormente y, seguidamente, divida la clase en parejas para que realicen la actividad.

SUGERENCIAS

Al igual que en la actividad 7, sería mucho más motivador realizar esta actividad con fotos reales de sus amigos o familiares. En este caso, anime a preguntar también **¿Dónde está?**

10. RECEPCIÓN EN LA CÁMARA DE COMERCIO
Familiarizarse con las presentaciones en español.

COSAS NUESTRAS
En las presentaciones, el lenguaje no verbal difiere enormemente según las culturas. En España, a pesar de lo variable y subjetivo de cada presentación, podemos generalizar diciendo que en las presentaciones no formales, la persona que presenta puede tocar la espalda o el brazo de uno de los presentados mientras que los presentados se dan la mano a la vez que sonríen y se inclinan muy ligeramente hacia adelante. Si en la presentación hay, al menos, una chica, es muy frecuente darse un beso en cada mejilla (siendo estos besos al aire y no auténticos besos). Mientras los presentados se dan dos besos, suelen apoyarse con una mano en el hombro del otro. Es frecuente que a los niños se les pida que besen a las personas que se les presenta. Sin embargo, en las presentaciones formales, la persona que presenta no suele tocar a ningún presentado, pero sí suele señalarlo con la palma de la mano abierta. Los presentados se estrechan la mano durante unos segundos al mismo tiempo que hacen un rápido y breve movimiento con su cabeza hacia abajo (similar al asentimiento).
En general, los españoles son bastante informales, les gusta el contacto físico y la distancia que mantienen en las presentaciones, y en otras situaciones, suele ser corta (una distancia mayor que en la cultura árabe y un poco menor que en la anglosajona).

ANTES
Muestre las cuatro ilustraciones y pregunte en cuáles creen que los personajes se tratan de tú y en cuáles de usted. Asegúrese de que conocen el significado de **encantado/a**.

PROCEDIMIENTOS
A. Presente la situación y deje que, individualmente, relacionen las frases con la presentación correspondiente.

B. Proceda a la audición para que sus estudiantes comprueben sus hipótesis. Aclare posibles dudas. Tras finalizar la audición, vaya con sus alumnos al apartado *Presentaciones* de la página 51 de la *Gramática* haciéndoles ver los diferentes grados de formalidad de una presentación en español. Haga lo mismo con el apartado *Reacción a una presentación* indicando que, si bien unas son más formales que otras, la elección de una u otra por parte del hablante es muy subjetiva e incluso, en determinadas ocasiones, en presentaciones formales podríamos encontrar una reacción informal o viceversa.

SUGERENCIAS
Puede realizar ejercicios de repetición con toda la clase fijándose sobre todo en la entonación.

11. ¡ENCANTADO!
Reaccionar ante una presentación formal e informal.

ANTES
Haga preguntas para que sus alumnos se familiaricen con los dibujos y las situaciones: **¿Dónde están? ¿Quién es Javier? ¿Quién es su compañero de trabajo? ¿Quién le presenta en cada una de las tres situaciones?**

PROCEDIMIENTOS

A. Explique que, individualmente, deben completar el bocadillo de **Javier** en esa situación. Anímeles a que utilicen los diálogos de muestra de la actividad anterior.

B. Deje un tiempo para que comparen sus soluciones con uno o más compañeros.

C. Explique que ahora van a escuchar cómo un compañero les presenta a tres personas diferentes en la misma situación del cóctel en la **Cámara de Comercio.** Aclare que escucharán la presentación y que deberán reaccionar como les parezca más adecuado. Indíqueles que presten atención a la frase que dice la persona que le presentan. En la grabación tendrán un espacio de tiempo para reaccionar.

12. ¿CONOCES A...?

Distinguir entre una presentación formal y otra informal.

ANTES

Presente a sus alumnos los fragmentos de las presentaciones haciéndoles notar que hay pares de colores. Indíqueles que, en cada par, hay un fragmento de una presentación formal y otro informal y anímelos a que los clasifiquen en dos grupos.

PROCEDIMIENTOS

A. Deje que, individualmente, ordenen las presentaciones (mediante números la presentación informal y mediante letras la formal). Luego compararán sus resultados en parejas.

B. Realice la audición para que comprueben sus hipótesis.

SUGERENCIAS

Puede trabajar el componente no verbal de las presentaciones haciendo una representación de las audiciones con un «play-back». Deje claro que lo que se va a trabajar es la comunicación no verbal (los gestos, las distancias...) comentados en el apartado COSAS NUESTRAS de la actividad 10. Para ello utilice fichas como las siguientes:

PRESENTACIÓN INFORMAL				
	El que presenta toca a un presentado	Los presentados se dan la mano	Los presentados se dan besos	Los presentados se tocan el hombro
hombre/hombre ♂♂	*Sí*			
hombre/mujer ♂♀				
mujer/mujer ♀♀				

PRESENTACIÓN FORMAL				
	El que presenta toca a un presentado	Los presentados se dan la mano	Los presentados se dan besos	Los presentados se tocan el hombro
hombre/hombre ♂♂	*No*			
hombre/mujer ♂♀				
mujer/mujer ♀♀				

Reparta las fichas entre sus estudiantes y pida que representen algunas de las presentaciones que están recogidas en la casete haciendo «play-back», pero prestando especial atención a los gestos, distancias... Es importante que lo representen de la forma más natural posible, sin exagerar. Mientras representan cada escena, el resto de los estudiantes toma nota en sus fichas de lo que va viendo. Finalmente, haga una puesta en común comentando las diferencias con cada una de sus culturas y añadiendo los datos que crea necesario resaltar.

T PRESENTACIONES
Presentar a alguien en el ámbito laboral o familiar.

ANTES
Observe con sus alumnos el dibujo de la página 49 y pregúnteles por la relación que puede haber entre el chico que presenta y el **Sr. Gutiérrez**. Hágales ver que se trata de estudiantes que están haciendo una simulación en clase y que ellos van a hacer lo mismo.

PROCEDIMIENTOS
A. Divida la clase en grupos de tres (A, B y C) dejando claro que A es el que conoce a B y a C y el que va a presentarlos teniendo en cuenta el contexto de la presentación, la relación entre A y B, y la relación entre A y C.
Deje que juntos decidan el lugar donde va a realizarse la presentación (columna de la izquierda). Luego deje que A y B decidan la relación que tienen y otros datos acerca de B (columna central). Finalmente serán A y C quienes decidan lo mismo acerca de C (columna de la derecha). Es importante que, hasta el momento de la presentación, B no sepa nada de C y viceversa.
Antes de proceder a la simulación, comente que no es muy recomendable responder con un escueto **Encantado** o un simple **Hola** sino que es preferible mostrar interés hacia la persona desconocida haciéndole alguna pregunta. Deje tiempo para que B y C preparen posibles preguntas y para que A prepare su presentación. Ayúdeles, si es preciso. Finalmente todos los grupos, en pie, procederán a hacer las presentaciones.

B. Repita el mismo proceso un par de veces rotando los papeles A, B y C.

SUGERENCIAS
Si observa que algún grupo realiza una simulación especialmente buena, curiosa o divertida, puede finalizar pidiéndoles que vuelvan a representarla para el resto de la clase.

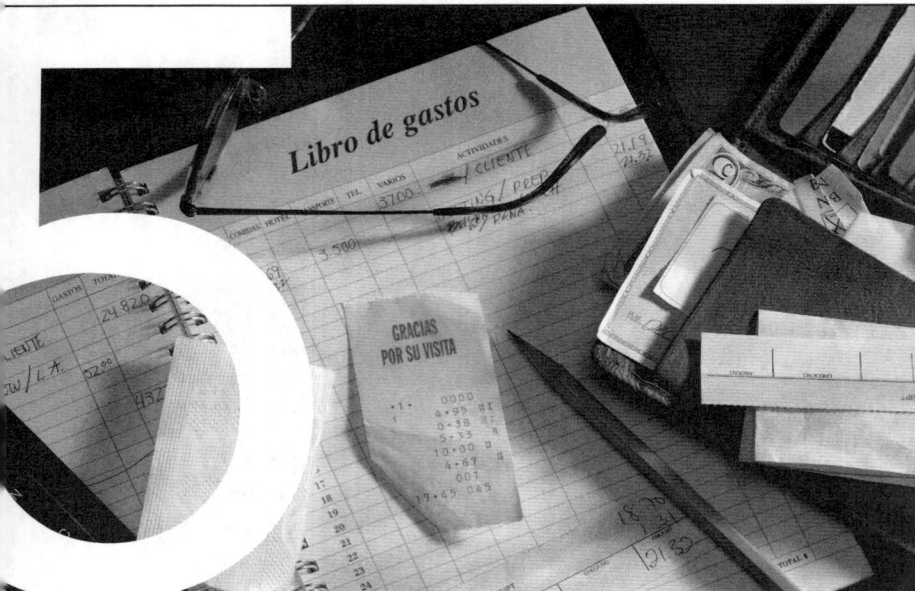

De gestiones

En el Libro del alumno

T Nuestros alumnos van a localizar, en un barrio que no conocen, lugares en los que se pueden realizar una serie de gestiones. Para ello aprenderán a preguntar dónde pueden hacer compras y gestiones, a hablar de horarios de establecimientos, a localizar objetos y lugares, a pedir objetos, a solicitar un servicio y a preguntar el precio.

En el Cuaderno de ejercicios

1 Formas de preguntar la hora

2 Preguntar la hora

3 Las horas

4 Actividades y establecimientos

5 Establecimientos y horarios

6 Objetos de oficina y establecimientos

7 Objetos personales. Verbos **ir** y **llevar**

8 Describir un barrio

9 **¿Dónde está? ¿Qué hay?**

10 Esconder algo. Ubicación: **estar**

11 Descripción de lugares

12 Pronunciación: /x/, /g/

13 Pedir un objeto. Verbo **tener**

14 Solicitar un servicio. Establecimientos

15 Un anuncio de un establecimiento

16 Preguntas y respuestas. Verbos **poder, saber** e **ir**

17 Organizar la agenda del día

18 Verbos **poder, saber** e **ir**

PORTADA
Muestre la foto a toda la clase y dígales que tienen un minuto para escribir, en un papel y en su lengua materna, todas las palabras que puedan relacionar con lo que ven. Pasado el minuto, pídales que escriban el equivalente en castellano de las palabras que conozcan. Haga una puesta en común en la pizarra de los vocablos españoles y deje que, entre ellos, se expliquen los significados. Finalmente, pregúnteles si quieren saber cómo se dice en español alguna otra palabra y explique el significado de **gestiones**.

1. ESTABLECIMIENTOS
Conocer algunos establecimientos españoles y sus horarios.

COSAS NUESTRAS
En la actividad aparecen fotos de seis establecimientos españoles.
Un estanco: establecimiento en el que se pueden comprar sellos, tabaco, encendedores, cerillas, tarjetas de teléfono, sobres, postales, bolígrafos, chicles, caramelos y otros objetos.
Un kiosco: establecimiento en el que se puede comprar prensa, postales, sobres, bolígrafos, chicles, caramelos y otros objetos.
Una oficina de Correos: establecimiento en el que se pueden hacer envíos postales, comprar sobres, sellos y tarjetas de teléfono.
Una agencia de viajes: establecimiento en el que se pueden comprar y reservar billetes de avión o de tren y estancias en hoteles.
Un banco: establecimiento en el que se puede ingresar dinero, cambiar divisas, enviar transferencias, solicitar un crédito...
Una oficina de cambio: establecimiento en el que se pueden cambiar divisas.

El horario habitual de estos establecimientos, por lo general, es el siguiente:
- **Los estancos y agencias de viajes,** al igual que la mayoría de las tiendas, abren de 10 de la mañana a 2 de la tarde y de 5 a 8 (u 8 y media) de la tarde. Los sábados por la tarde y los domingos suelen estar cerrados.
- **Los kioscos** tienen el mismo horario que las tiendas, aunque abren mucho antes (algunos a las 7 de la mañana). También abren los sábados por la tarde y los domingos por la mañana.
- **Las oficinas de Correos** sólo abren de 9 de la mañana a 2 de la tarde, de lunes a sábado, (como otros centros administrativos, aunque estos últimos no abren los sábados).
- **Los bancos** sólo abren de 8 y media de la mañana a 2 de la tarde, de lunes a viernes, aunque unos pocos abren algún día por la tarde y otros el sábado por la mañana.
- **Las oficinas de cambio** sólo se encuentran en las grandes ciudades y en las ciudades turísticas. Tienen un horario similar al de las tiendas, si bien algunas pueden permanecer abiertas durante la noche y los domingos.

Otros establecimientos, como hipermercados, grandes almacenes, grandes superficies y algunas tiendas, tienen horario continuado y abren algunos domingos del año.

ANTES
Dibuje en la pizarra una calle con unos cuantos edificios. En cada uno de ellos dibuje un símbolo representativo de un banco ($), de una farmacia (una cruz o una media luna verde), de un restaurante (un plato y unos cubiertos), de una cafetería (una taza de café)... Diga que todos son establecimientos y que cada uno de ellos tiene un horario diferente, escribiendo

cada uno de ellos con la estructura: **de _____ (y media) a _____ (y media).**
Pregunte si saben cómo se llama en español alguno de esos establecimientos. A continuación, pasen a la página 53.

PROCEDIMIENTOS

A. Haga que observen cada una de las fotos y, posteriormente, que las relacionen con el vocabulario que aparece en verde en el apartado **B**. Deje que comparen en pequeños grupos y ayúdeles, si es necesario.

B. Compruebe que conocen el vocabulario de la columna de la izquierda. Pídales que, con ayuda de las fotos y con su conocimiento del mundo, marquen sus hipótesis en la tabla. Deje que hagan la comprobación haciéndose preguntas entre ellos (si es que alguno de sus estudiantes conoce España).
Finalmente anime a sus estudiantes a que pregunten por otras cosas como **¿Dónde puedo llamar por teléfono?** o **¿Dónde puedo alquilar un coche?**

	Estanco	Kiosco	Oficina de Correos	Agencia de viajes	Banco	Oficina de cambio
Comprar sellos	x		x			
Abrir una cuenta					x	
Cambiar dinero					x	x
Comprar periódicos		x				
Comprar una tarjeta de teléfono	x	*en algunos*	x			
Enviar un paquete			x			
Reservar un billete de autocar/avión/tren				x		

C. Llámeles la atención sobre la ilustración y pregunte de qué establecimiento se trata: **un estanco.** Luego pregunte por el horario que tiene el estanco y haga que observen la muestra de lengua. Pídales que piensen en los horarios de establecimientos que conozcan y que los anoten. Luego, realice una puesta en común.

Si su clase está en una ciudad española, invíteles a que pregunten por algún establecimiento más específico con preguntas como **¿Dónde puedo encontrar libros en francés?** o **¿Dónde puedo comprar** *The Times***?**
Si ninguno de sus alumnos conoce la realidad española, podría repartir entre ellos la tabla de soluciones anterior, de modo que cada uno tenga sólo una fila con la solución a una pregunta. Para los horarios del apartado **C**, podría repartir la información que se da en COSAS NUESTRAS y hacer lo mismo.

2. UNA NOTA DE UN COMPAÑERO
Localizar algunos lugares en un plano.

COSAS NUESTRAS
El plano pertenece a una zona céntrica de Madrid, la correspondiente al Paseo del Prado y sus aledaños. En esta zona podemos distinguir, entre otros, los siguientes lugares y monumentos: **Banco de España, fuente de la Cibeles, Puerta de Alcalá, Parlamento** (o **Congreso de los Diputados**), **Museo Thyssen, Hotel Palace, fuente de Neptuno, la Bolsa, Hotel Ritz, Museo del Prado, Jardín Botánico, Centro de Arte Reina Sofía, Parque del Retiro** y **estación de Atocha.**

ANTES
Presente el plano a sus alumnos y anímeles a que descubran de qué ciudad se trata. Una vez que hayan respondido **Madrid** pregunte por qué creen que se trata de esa ciudad. Si fuera necesario, déles alguna pista.
Presente luego la situación de la actividad y pídales que lean la nota para responder a las siguientes preguntas:
¿Qué empresa hace la presentación?
¿A qué hora es la presentación?
¿Dónde presentan su nuevo producto?

PROCEDIMIENTOS
A. Pídales que, individualmente, marquen esos lugares en el plano.

B. Dé el ejemplo que aparece en la muestra de lengua mientras señala la **estación de Atocha.** Divida la clase en parejas y haga que comprueben si han marcado los mismos lugares.

SUGERENCIAS
Al terminar la actividad, proyecte para toda la clase una transparencia con la nota que ha recibido **Walter** y subraye en ella lo siguiente:
... Está muy cerca de Atocha, en la fuente de Neptuno, entre la estación y la plaza de Cibeles, al lado del Museo Thyssen. El 27 pasa justo delante...
Anímeles a que, con ayuda del plano, intenten descubrir el significado de esas palabras. Haga una puesta en común y explique lo que no haya quedado claro.
A continuación elija un lugar del plano en secreto y vaya diciendo frases para localizarlo. Sus alumnos tendrán que adivinar qué lugar es. Luego, ellos pueden realizar el juego en parejas.

3. EN DISEÑO GRÁFICO "CIRCUS, S.A."
Hablar de las cosas que hay en una oficina.

ANTES
Con un bolígrafo en la mano, diríjase a sus estudiantes preguntándoles si recuerdan cómo se llama en español. Haga lo mismo con otros objetos de clase que aparecieron en la actividad 11 de la *Unidad 1*.
Luego, presente el dibujo de la página 55 y pregunte si se trata de una clase o de una oficina.

PROCEDIMIENTOS
A. Dirija la atención de los estudiantes hacia las mesas de **Cristina**, **Enrique** y **Nacho** e indíqueles que intenten relacionar, individualmente, los objetos que hay en ellas con el vocabulario que aparece en la parte superior derecha. Posteriormente, en parejas o pequeños grupos, harán una puesta en común. Ayúdeles, si fuera necesario.

B. Una vez que toda la clase conozca el nombre de todos los objetos, presente la situación de la audición y proceda a la escucha para que señalen, sobre el dibujo, los objetos que se mencionan. Repita la audición, si es necesario. Haga que, en parejas, comparen lo que ha marcado cada uno.

Solución
1. *Grapadora*
2. *Regla y tijeras*
3. *Sobres*
4. *Lápiz y goma*
5. *Disquetes*

C. Muestre nuevamente el dibujo y diga lo que hay en la oficina: **hay siete mesas, hay cuatro sillas, hay tres teléfonos...** Después, divida la pizarra en dos columnas y escriba, en una de ellas, el léxico de género masculino y, en la otra, el léxico de género femenino que se ha presentado en **A**:

	un rotulador		
	un lápiz		una goma
	un bolígrafo		una grapadora
Hay	unos clips	**Hay**	una regla
	unos sellos		unas hojas
	unos sobres		unas tijeras
	unos disquetes		
	celo		

Deje que memoricen el género gramatical del vocabulario recientemente presentado y, entonces, hágales ver la muestra de lengua. Explique la actividad y divida la clase en parejas para que la realicen.

4. CAMBIO DE OFICINA
Localizar objetos en una oficina.

ANTES
Muestre el dibujo durante muy pocos segundos, cierre el libro y pregunte a toda la clase qué hay en la nueva oficina de **CIRCUS**. Luego remítales a la página 56 para que comprueben lo que han dicho.

PROCEDIMIENTOS
A. Presente la situación y pida que localicen los objetos en el dibujo. Después, tienen que relacionar su ubicación con cada una de las frases que aparecen en la parte superior derecha. Pueden hacerlo uniendo con una flecha el dibujo y la frase o escribiendo en su cuaderno las frases completas: **Las tijeras están en el cajón.**

B. Proceda a la audición para que comprueben y acláreles posibles dudas.

C. Explique el juego ayudándose de la muestra de lengua y, a continuación, divida la clase en parejas para que lo hagan un par de veces.

SUGERENCIAS
Puede realizar el juego del escondite en el aula en grupos de tres (A, B y C): A esconde un objeto y B tiene que buscarlo siguiendo las preguntas que le haga C.

5. OBJETOS DE OFICINA
Pedir objetos de oficina a un compañero.

ANTES
Con trazos muy simples, dibuje poco a poco en la pizarra algunos objetos de oficina para que vayan descubriendo de qué se trata.

PROCEDIMIENTOS
Dígales que corten un folio en seis partes iguales y que, en cada una de ellas, en secreto, dibujen seis objetos de oficina diferentes. Solicite luego diferentes objetos a cada uno de ellos, siguiendo el modelo de la muestra de lengua. Explíqueles la actividad y señale que no pueden solicitar dos objetos seguidos al mismo compañero. A continuación, cronometre dos minutos mientras, de pie, todos los estudiantes se van pidiendo objetos. Finalmente averigüe quién ha conseguido más.

6. DEPARTAMENTOS Y DESPACHOS
Localizar lugares y objetos en la planta de una oficina.

ANTES
Presente con fotos el siguiente vocabulario: **ventana, puerta, escaleras, reloj, planta, ascensor, pasillo.** Dirija la atención de sus alumnos a la oficina de la página 57 y pregunte cuántas ventanas hay, cuántas puertas, cuántas escaleras, cuántos relojes...

Seguidamente, presente las expresiones para localizar que aparecen en el centro con ejemplos como:
Los ascensores están a la derecha, las ventanas están a la izquierda, el reloj está enfrente de las escaleras...
Después pase a hacer preguntas sobre la realidad de su aula como, por ejemplo: **¿Quién está a la derecha de Simon?** o **¿Quién está enfrente de Jean-Luc?**

PROCEDIMIENTOS
Divida la clase en parejas A y B y presente la 1ª situación: tienen que pensar dónde se encuentran esos elementos en la planta donde trabajan y señalarlo sobre el dibujo.
Una vez que los hayan ubicado, presente la 2ª situación: tienen que ir a la planta donde trabaja su compañero, pero necesitan saber dónde están esos otros elementos. Hágales ver la muestra de lengua antes de que comiencen a preguntarse. Finalmente, compararán sus dibujos para comprobar que los han ubicado correctamente.

SUGERENCIAS
Llegados a este punto, sería oportuno ir al apartado *Localizar* de la página 62 de la *Gramática* con el fin de recordar las expresiones para localizar que se han visto y observar las diferencias de uso entre **está/n** y **hay**. Éste puede ser un buen momento para mostrarles en la pizarra cómo se conjuga en Presente el verbo **estar**.

7. UN CENTRO COMERCIAL
Hablar de los establecimientos que hay en un centro comercial. Entender las indicaciones para localizar una tienda.

COSAS NUESTRAS
En la actividad se representa uno de los centros comerciales presentes en muchas ciudades españolas. Se trata de grandes superficies en las que, además de multitud de tiendas y establecimientos de todo tipo, hay zonas de recreo, teléfonos y otros servicios. En este caso, se presentan establecimientos más o menos conocidos entre los españoles.

ANTES
Puede jugar al juego del ahorcado con las palabras C E N T R O   C O M E R C I A L.
Pregunte a sus alumnos si saben qué es y anímeles a que den el nombre de alguno conocido. Pregunte también dónde está y qué tipo de establecimientos podemos encontrar en él. Vaya escribiendo en la pizarra una lista de todos esos tipos de establecimientos y añada los que aparecen en la parte superior de la página. Asegúrese de que conocen bien el significado de cada uno de ellos.

PROCEDIMIENTOS
A. Dirija su atención al cartel de **Área Central** y pregunte qué establecimientos, de los que aparecen, conocen y de qué tipo de establecimiento se trata. Luego deje tiempo para que, individualmente, hagan sus hipótesis, relacionando las tiendas que no conocen con un tipo de establecimiento concreto. Finalmente, hágales ver la muestra de lengua para que hagan una puesta en común en parejas.

<u>Solución</u>

Aunque el objetivo de la actividad no es encontrar una solución única, las respuestas deseables son:

- *Restaurantes (3): McDonald's, Telepizza, Sandwichlandia*
- *Tiendas de ropa (3): Benetton, Modas Pascual y Novias Martín*
- *Entidades bancarias (2): Caja de Ávila y Banco de Santander*
- *Agencias de transportes (1): Seur*
- *Agencias de viajes (1): Barceló Viajes*
- *Salas de cine (varias): Multicines Picasso*
- *Zapaterías (1): Zapatolandia*
- *Tiendas de electrodomésticos (1): Expert*
- *Tiendas de telefonía móvil (1): Airtel*

Asimismo hay:

- *Un hipermercado: Continente*
- *Una tienda de productos naturales: Bio-Natura*

B. Haga un acercamiento al plano de **Área Central** haciendo las siguientes preguntas:

¿Qué hay enfrente de los Multicines Picasso? (*Telepizza*)
¿Qué hay al lado de Expert? (*Barceló Viajes*)
¿Dónde está Novias Martín? (*en el pasillo de la izquierda, al lado de McDonald's, a la derecha, enfrente de Barceló Viajes*)
¿Qué hay enfrente de los servicios? (*El Banco de Santander*)
¿Y a la derecha de Sandwichlandia? (*Bio-Natura*)
¿Y dónde está Información? (*Entre los Multicines Picasso y los servicios*)

Presente la actividad situando a sus alumnos en **Información** y dejando claro cuál es el pasillo de la izquierda, cuál el del centro y cuál el de la derecha, antes de proceder a la escucha. Repita la audición, si es necesario.

C. Comparan en parejas. Realice una nueva escucha si hubiera alguna duda.

SUGERENCIAS

Puede ampliar el vocabulario de establecimientos, además de practicar el ya aprendido, con el siguiente ejercicio: dígales que han de pensar dónde abrir un buen negocio y ponga uno de estos ejemplos:

Una floristería <u>al lado de</u> un cementerio.
Una farmacia <u>enfrente de</u> un hospital.
Una tienda de deportes <u>cerca de</u> un gimnasio.

8. SERVICIOS, PRODUCTOS Y PRECIOS
Familiarizarse con expresiones para solicitar un servicio, un producto o el precio en un establecimiento.

ANTES
Enseñe las ilustraciones y pregunte dónde están en cada caso.

Solución
1. En un banco.
2. En una oficina de Correos.
3. En un estanco o en otra tienda.
4. En una oficina de cambio o en un banco.
5. En una agencia de alquiler de coches o en una agencia de viajes.

PROCEDIMIENTOS
A. Haga que lean las respuestas que aparecen a la izquierda y aclare posibles dudas para que, individualmente, las relacionen con cada situación.

B. Proceda a la escucha de comprobación.

SUGERENCIAS
Vaya a los apartados *Solicitar un servicio*, *Preguntar el precio* y *Pedir un objeto* de la página 63. Dé más ejemplos de esas funciones en otras situaciones. Puede explicar los siguientes aspectos:
- El carácter cortés del Pretérito Imperfecto en **Quería**... al solicitar un producto o un servicio.
- La concordancia en número del verbo **costar** con su sujeto gramatical: ¿**Cuánto cuesta/n**... ?
- El uso del plural cuando nos dirigimos a una persona en un establecimiento: ¿**Tienen**... ?

A continuación, puede dividir la clase en parejas y repartir tarjetas como las que siguientes para que preparen sus intervenciones en una posterior simulación.

Alumno A: Vas a un banco. Quieres comprar 1000 yenes.	**Alumno A:** Vas a una oficina de Correos. Quieres enviar un paquete (es urgente).
Alumno A: Vas a un kiosco. Quieres comprar disquetes, pero no sabes si tienen o no.	**Alumno A:** Vas a una agencia de viajes para reservar un billete de tren a Sevilla.
Alumno A: Vas a un estanco porque quieres comprar sellos para Egipto.	**Alumno A:** Vas a una oficina de cambio. Necesitas euros. Quieres cambiar 200 $.

Alumno B:
Trabajas en un banco.
Hoy solamente tenéis
euros.

Alumno B:
Trabajas en la sección de
envíos de una oficina de
Correos.

Alumno B:
Trabajas en un kiosco.
Vendes muchas cosas: pren-
sa, material de oficina...

Alumno B:
Trabajas en la sección de
reservas de una agencia
de viajes.

Alumno B:
Trabajas en un estanco,
pero hoy no tienes
sellos.

Alumno B:
Trabajas en una agencia
de cambio.

9. PRÁCTICAS EN UNA EMPRESA
Localizar lugares cercanos a través de un plano y su leyenda.

COSAS NUESTRAS
El plano corresponde a otra zona céntrica de Madrid, la del comienzo del Paseo de la Castellana y sus alrededores. Se trata de una zona con muchos edificios administrativos, ofici- nas y comercios entre los que cabe destacar los siguientes: **Museo Sorolla**, **embajadas de EE.UU., Italia, Suecia, Filipinas, Turquía y Alemania, Hemeroteca Nacional** y varios ministe- rios. La leyenda corresponde a una muestra de lengua auténtica que acompaña al plano en la realidad y por ello aparece el anglicismo **parking**, ampliamente difundido en el habla de los españoles. Si lo prefiere sustituya este término por el castellano **aparcamiento**. En la leyenda y en el plano aparecen los logotipos de la empresa pública de **Correos**, del **Metro de Madrid** y de la **Policía Nacional**.

ANTES
Recuerde con toda la clase qué lugares conocen en Madrid y luego muéstreles el plano de esta actividad. Si alguno de sus estudiantes es de nacionalidad estadounidense, italiana, sueca, filipina, turca o alemana, anímelo a buscar dónde se encuentra la embajada de su país. Después, con la ayuda de los iconos de la leyenda, pida que busquen un **museo**, una **oficina de Correos**, un **aparcamiento**, una **estación de metro**, una **comisaría de Policía** y una **gasolinera**.

PROCEDIMIENTOS

A. Presente la situación. Pídales que se imaginen que van a hacer unas prácticas en una empresa situada en la zona del plano. Deje que el primer alumno que localice **URBEN** les indique al resto de la clase dónde se encuentra la empresa (en la calle Miguel Ángel número 10).

B. Déles tiempo para que busquen qué hay cerca de **URBEN**. Después, pídales que hagan una puesta en común, en parejas, siguiendo el modelo de lengua.

SUGERENCIAS

Si sus estudiantes se encuentran en una ciudad que para ellos es extranjera, puede realizar esta actividad con un plano de esa ciudad o de la zona del lugar donde tienen su curso de español. Pídales que localicen los servicios que hay cerca y lo comenten con el compañero.

T GESTIONES

Hacer gestiones en una ciudad desconocida.

ANTES

Diga a sus alumnos que tiene que realizar unas gestiones y salga de clase. Vuelva a entrar tras unos segundos y diga que no puede hacerlas porque no conoce bien el barrio y no sabe dónde puede realizarlas. Pregúnteles qué puede hacer y pase a presentarles la tarea: van a realizar unas gestiones en un barrio que no conocen y para ello van a pedir información a un compañero.

PROCEDIMIENTOS

A. Deje un tiempo razonable para que, individualmente, escriban todos los establecimientos y servicios que consideran necesarios en un barrio. Ayúdeles facilitándoles vocabulario, si lo necesitan.

B. Divida la clase en parejas y dígales que cada uno elija un barrio de los representados por los planos (el plano 1 corresponde a un barrio de Madrid y el plano 2 a uno de Sevilla).

C. Indíqueles que vuelvan a la lista que han preparado en el apartado **A** y que sitúen en el plano, de la manera que les parezca más adecuada, todos los establecimientos y servicios que han elegido en el apartado **B**. Ponga en la pizarra un par de ejemplos de iconos que puedan representar un establecimiento o un servicio: una letra o un símbolo. Pídales que realicen la actividad en secreto.

D. Pida a sus estudiantes que completen cada recuadro con el nombre de los establecimientos donde creen que se pueden hacer las gestiones de la columna de la izquierda. Puede haber más de una respuesta.

E. Presente la situación. Dígales que hoy tienen mucho trabajo y que están en una ciudad que no conocen. Después, pídales que cada uno de ellos elija, como mínimo, seis gestiones que va a tener que realizar en el barrio del compañero.

Seguidamente, hágales ver la muestra de lengua y deje que intercambien información para marcar, en el plano del barrio del compañero, los lugares a los que pueden ir para hacer sus gestiones.

SUGERENCIAS
Puede finalizar la tarea pidiendo que cada estudiante realice, con un compañero, la simulación de una o dos gestiones.

Locales y oficinas

En el Libro del alumno

T Nuestros alumnos van a elegir, para dos clientes diferentes de una asesoría, los mejores proyectos de empresas y un local para instalarlas. Para ello aprenderán a hablar de negocios, locales e instalaciones: describirlos, valorarlos, comparar sus precios y características, elegir uno entre varios y explicar su elección.

En el Cuaderno de ejercicios

1. Rellenar cheques. Números a partir del **1000**
2. Vocabulario: partes de la casa. Formular preguntas
3. Anuncios de pisos. **Es, está, tiene, cuesta**...
4. Descripciones de casas. **Es, está, tiene, hay**
5. Verbos irregulares: **preferir, querer, poder** y **volver**
6. Pronunciación: diptongos **ie/ue**
7. Vocabulario: muebles. Precios. **Cuesta el doble/el triple**...
8. Cantidades y porcentajes

9. Comparar datos de dos países
10. Comparativos. Verbos **ser, estar** y **tener**
11. Comparar casas
12. Valoraciones
13. Sustantivos. **El/un, la/una**
14. Valorar ofertas
15. Series de números
16. Contrarios
17. Sustantivos
18. Decidir el mejor negocio

PORTADA

Pregunte a sus estudiantes qué lugar es el que ven en la foto y después pídales que imaginen dónde está esa empresa o escuela. Luego, déles un minuto para que escriban en su cuaderno el nombre de las cosas que hay en esa sala y deje que hagan una puesta en común, ampliando sus listas con el vocabulario de otros compañeros.

Si quiere, puede describir a una persona de las que aparecen en la foto, incluyendo en la descripción todos los contenidos lingüísticos aprendidos hasta el momento, para que sus alumnos la identifiquen.

1. UN BUEN HOTEL

Entender información oral y escrita referida a un hotel: características, instalaciones y situación.

COSAS NUESTRAS

El texto que encontrará en esta actividad está tomado de un folleto auténtico de un hotel. Aunque se ha retocado mínimamente, puede considerarlo casi como material auténtico y presentarlo así a sus alumnos.

ANTES

Haga a sus estudiantes la misma pregunta que hizo para trabajar la foto de portada de esta unidad: **¿Qué lugar es?** Después, presente el material con el que van a trabajar: un folleto de un hotel en España.

PROCEDIMIENTOS

A. Puede preguntar a sus estudiantes **¿Cómo se llama el hotel?** para que empiecen a familiarizarse con el folleto. Explique que en este apartado sólo van a trabajar con las fotos y que no es necesario leer el texto que aparece en el folleto. Pídales que se coloquen en parejas y que vayan comentando, como en el ejemplo, lo que saben de este hotel con la información de las fotos. Deje tiempo para que observen bien las fotos y comenten con sus compañeros e invíteles a que pidan el vocabulario que puedan necesitar.

B. Explique que van a leer el texto que encuentran en el folleto, pero que no será necesario entenderlo todo, porque sólo van a subrayar la información del texto que tiene relación con las fotos. Dé un ejemplo para que quede claro lo que tienen que hacer. Subraye, por ejemplo, la palabra **habitaciones** de la columna de la izquierda y únala con una flecha a la foto de una habitación. Deje tiempo para que hagan la actividad individualmente y luego invíteles a que comparen su ejercicio con el de un compañero.

C. Pídales que, en parejas, completen la tabla, utilizando la información que pueden obtener del texto y de las fotografías. Indíqueles que deben clasificar la información en las tres columnas: ES para las características, ESTÁ para la situación y TIENE para las instalaciones con las que cuenta el hotel. Ponga un ejemplo de cada caso: **ES moderno, ESTÁ en Barcelona y TIENE 120 habitaciones**. Una vez que la hayan completado, invíteles a que la comparen con otra pareja.

D. Explique que van a escuchar una conversación entre dos amigos que hablan del hotel y que deben marcar, en su tabla del apartado **C**, la información que aparezca en la conversación. Si sus alumnos lo necesitan, puede repetir la audición antes de comprobar el resultado. Puede llevar una tabla completa con las soluciones en una transparencia para corregir en clase.

(Ver en la tabla la información subrayada.)

Explique que van a escuchar otra vez la conversación con el objetivo de añadir en su tabla información diferente a la del folleto. Deje que comparen con otros compañeros y luego haga una puesta en común.

(Ver en la tabla la información con asterisco.)

Solución

ES	ESTÁ	TIENE
Moderno	*En Barcelona*	*120 habitaciones*
Funcional	*En la calle Fortuny, 23*	*6 suites*
Acogedor	*En las Ramblas*	*Sala de convenciones*
Cómodo	*En el centro de Barcelona*	*Business-Center*
Agradable	*Junto a la Plaza de Cataluña*	*Salones para reuniones*
Un hotel de 4 estrellas		*Parking*
	*Al lado de un restaurante	*Restaurante*
*Grande	*japonés excelente*	*Bar-cafetería*
*Bonito	**Cerca del Paseo de Gracia*	*Un desayuno con dulces,*
		frutas y zumos
		Aire acondicionado
		TV y Canal +
		Antena parabólica
		Un chef
		Carta de especialidades
		Bodega de vinos y cavas
		Cuatro estrellas
		*Gimnasio
		*Personal muy profesional

SUGERENCIAS
Lleve a clase folletos de otros hoteles (españoles o latinoamericanos) y pida a sus alumnos que, en grupos, expliquen a sus compañeros cómo son, dónde están y qué tienen. Entre todos decidirán cuál es el mejor.

2. ¿EN LA CIUDAD O EN LAS AFUERAS?
Familiarizarse con las estructuras básicas para comparar. Comparar una casa y un piso.

COSAS NUESTRAS
La actividad refleja la realidad de la oferta que existe en cuanto a viviendas en las grandes ciudades: edificios de pisos o apartamentos, en la ciudad, y ofertas de casas, chalets y casas adosadas, en los alrededores de la ciudad.

ANTES
Lleve a clase fotos de diferentes tipos de vivienda. Puede utilizar postales, fotografías, fotos de revistas y folletos publicitarios de constructoras. Muéstrelos a la clase y pregunte cuál prefieren para vivir y por qué.

PROCEDIMIENTOS
A. Presente a la pareja que aparece en la ilustración y la situación: quieren comprar una vivienda en **Madrid**, pero tienen opiniones y gustos diferentes. Explique que, en parejas y fijándose en los dibujos y en las notas de cada uno, tienen que explicar cómo es la vivienda que prefiere cada uno. Recuérdeles que pueden emplear los verbos que han utilizado para hablar del hotel en la actividad anterior. Antes de pasar al siguiente apartado, haga una rápida puesta en común.

B. Proponga que en un tiempo limitado (dos minutos, por ejemplo) intenten descubrir quién dice cada una de las frases que aparecen a la izquierda de la ilustración: **Conchi** o **Matt**. Una vez que han trabajado individualmente, pídales que lo comparen con sus compañeros. Pregúnteles cuál de las dos opciones presentadas en la actividad prefieren y pídales que justifiquen su elección: **prefiero el piso porque es más barato**. Anímeles a que construyan nuevas frases comparando las dos viviendas. Aproveche este momento para presentar los números a partir de **1000** con ayuda de la página 74. Puede preguntar por los precios de ese tipo de viviendas en los países de sus alumnos y compararlos introduciendo el verbo **costar**.

Solución
Frases de Conchi:
- *Sí, pero... el piso está mucho más cerca del centro.*
- *... y el piso está más cerca del colegio de los niños.*
- *La casa es más cara que el piso.*

Frases de Matt:
- *... es que la casa es más grande que el piso, tiene muchos más metros.*
- *... además el piso tiene menos habitaciones, sólo tiene tres.*
- *Sí claro, pero la casa tiene un jardín.*

SUGERENCIAS
En parejas, cada uno describe brevemente su casa. Lo escriben en un papel y se lo intercambian. Después comentarán las diferencias y las coincidencias.

3. ¿COMPRAR O ALQUILAR?
Conocer las preferencias, en algunos países, en cuanto a comprar o alquilar una vivienda. Discriminar lo que prefieren varias personas.

COSAS NUESTRAS
El texto que encontrará en esta actividad es un fragmento de un artículo de prensa.

ANTES
Hable con sus estudiantes sobre si en su/s país/es la gente prefiere alquilar o comprar su vivienda. Pídales que hagan hipótesis sobre las preferencias de los españoles: **¿Prefieren: comprar o alquilar?** Asegúrese de que sus alumnos recuerdan los números y presente la forma **el ... por ciento.**

PROCEDIMIENTOS
A. Explique que en el artículo pueden encontrar la respuesta a la pregunta e información sobre otros tres países europeos. Deje unos minutos para que lean el texto y completen la tabla que tienen a la derecha con los países de los que habla el artículo y los porcentajes que corresponden a las personas que alquilan o compran una vivienda. Después, invíteles a que comparen sus resultados con otros compañeros y finalmente haga una puesta en común.

B. Explique que van a escuchar una encuesta en la calle en la que se pregunta a cinco personas si prefieren **comprar** o **alquilar** su vivienda. Antes de escuchar, pregúnteles cuántas creen que van a responder comprar y cuántas alquilar. Recuérdeles, si es necesario, que el texto que acaban de leer puede darles alguna pista. Pase a la audición. Haga pausas entre cada intervención, y repítala, si sus alumnos se lo piden. Compruebe que han completado la tabla correctamente y compare con su primera hipótesis.

Solución
1. *Comprar*
2. *Comprar*
3. *Comprar*
4. *Alquilar*
5. *Comprar*

SUGERENCIAS
Si lo prefiere, puede comenzar trabajando con el apartado **B**. Una vez completada la tabla, pídales que hagan hipótesis sobre cuál es el gráfico que corresponde a España en la ilustración del apartado **A**, a la derecha. Puede trabajar con las transcripciones del apartado **B** para buscar las razones por las que esas personas prefieren comprar o alquilar.

4. BUSCO PISO
Pedir y dar información sobre un piso: características, situación e instalaciones.

COSAS NUESTRAS
Los anuncios de pisos que aparecen en esta actividad están sacados de un periódico español y

tienen la estructura típica de este tipo de publicidad: el nombre del barrio o zona, características positivas que se quieren destacar, precio y teléfono de contacto.

Reformado: se refiere a que en el piso se ha hecho algún tipo de obra para mejorar las instalaciones, para ampliar o para cambiar por materiales de mejor calidad.

Trastero: es una pequeña habitación, sin luz o muy poca, que se suele utilizar para almacenar cosas que no se usan habitualmente o cosas viejas.

Calefacción: en este contexto se entiende como un sistema de calefacción central del propio edificio para todos los pisos y que funciona con una caldera de petróleo o carbón.

En cuanto a las partes de la casa, los anuncios no hacen alusión a la cocina o al baño si no hay más de uno o tienen alguna característica que destacar. Lo mismo ocurre con el salón, que puede no aparecer de no tener alguna característica positiva.

ANTES

Para presentar parte del vocabulario que necesitarán en esta actividad e introducir el tema, puede describir a sus alumnos cómo es su casa ayudándose de fotos o de un plano que vaya haciendo en la pizarra. Si sus alumnos están en contacto con el español de América, haga referencia a las particularidades del vocabulario de la casa que considere oportunas.

Llame la atención de sus alumnos sobre los dos anuncios que aparecen en la actividad señalándolos y preguntando qué anuncian. Invíteles a que descubran el significado del vocabulario que desconocen. Pueden preguntar a sus compañeros o a usted mismo. Puede pedirles que, en parejas, completen una tabla como la que tienen en el apartado **C** de la actividad 1 con la información de cada piso.

ES	ESTÁ	TIENE
1. *Exterior*	*En el barrio del Pilar* *Reformado*	*Tres dormitorios* *2 baños* *Un salón grande* *Calefacción* *Trastero*
2.	*En el barrio de la Cruz*	*90 metros* *3 dormitorios* *Ascensor*

Asegúrese de que sus alumnos no tengan problemas para entender los números que aparecen en la audición.

PROCEDIMIENTOS

A. Presente la situación: **Iván** ha elegido estos dos anuncios de pisos y va a llamar por teléfono para tener más información. Explique que, antes de escuchar las conversaciones telefónicas, deben completar las fichas técnicas con la información que aportan los anuncios. Adelánteles que las volverán a utilizar para añadir la información que recojan de la audición en el siguiente apartado. Sus alumnos necesitarán entender todo el vocabulario que aparece en las fichas, de modo que puede invitarles a preguntarle por las palabras que no conozcan. Haga todo lo posible para explicar el vocabulario en español, ayúdese de dibujos o ejemplos. Déjeles tiempo para que lo completen individualmente y lo comparen después con otros compañeros.

Solución

FICHA TÉCNICA		FICHA TÉCNICA	
Piso:	Baños: *2*	Piso: *(3º)*	Baños: *(1)*
Dormitorios: *3*	m²: (*100*)	Dormitorios: *3*	m²: *90*
Altura:	Precio: (*130.000 €*)	Altura:	Precio: (*120.000 €*)
Años: (*15*)		Años:	
Características:		**Características:**	
✔ Exterior	Interior	(✔) Exterior	Interior
✔ Reformado	Necesita reformas	(✗) Reformado	Necesita reformas
Garaje	(✔) Terraza	(✗) Garaje	(✗) Terraza
✔ Calefacción	Aire acondicionado	(✔) Calefacción	Aire acondicionado
✔ Trastero	Ascensor	Trastero	✔ Ascensor

B. Explique a sus estudiantes que van a escuchar ahora las conversaciones de Iván con los vendedores y que pueden añadir en la ficha la información nueva que oigan. Para evitar que tengan problemas al discriminar los números de la audición puede ayudarles haciendo hipótesis, antes de escuchar, de cuántos metros pueden tener y cuántos miles de euros pueden costar. También puede ayudarse de la página 74 de la *Gramática*. Haga una pausa entre una conversación y otra para que tengan tiempo de tomar notas y repita la audición las veces que sean necesarias. Después deje que lo comparen entre ellos y, finalmente, pregúnteles qué piso les parece más interesante según la información que tienen en sus fichas.

Solución

Las que aparecen entre paréntesis.

SUGERENCIAS
Reparta entre sus estudiantes una ficha como las de la actividad, en blanco, y pídales que la completen con la información de la casa en la que viven actualmente. Recoja las fichas y distribúyalas comprobando que ningún estudiante tenga la suya. Déles unos minutos para que preparen la descripción de esa casa utilizando los verbos que ya conocen y ayúdeles, si lo necesitan. Una vez que lo han preparado, invíteles a que busquen en la clase al compañero que completó esa ficha haciendo preguntas del tipo: **¿Cuántas habitaciones tiene tu casa? ¿Tu casa tiene 2 habitaciones? ¿Está en el barrio...?** Dé ejemplos si lo cree necesario.

5. EL DESPACHO DEL JEFE

Hablar de diferentes objetos de un despacho y valorarlos.

ANTES

Prepare tarjetas con las 10 palabras que aparecen a la izquierda de la ilustración y 10 tarjetas con la foto de cada uno de esos objetos. Repártalas en la clase y pida a sus alumnos que busquen la pareja: la palabra o la foto. Ponga ejemplos de la estructura que pueden utilizar para localizarla: **¿Cómo se llama esto en español? ¿Qué significa "alfombra"? ¿Cómo se dice "alfombra" en...?**
(Si sus estudiantes están en contacto con otra variante del español, sustituya las palabras que no coincidan con el español estándar.)

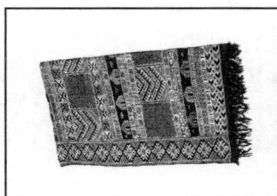		una alfombra	un ordenador
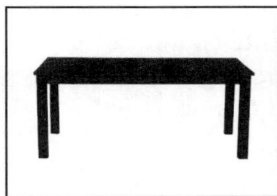	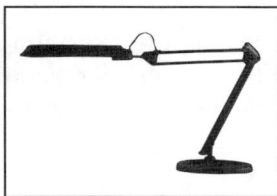	una mesa	una lámpara
	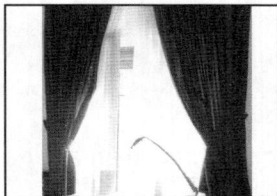	una silla	unas cortinas
		un sillón	un cuadro
		un teléfono	un reloj

PROCEDIMIENTOS

Explique a sus estudiantes que en la ilustración tienen el despacho del jefe de una empresa y que van a comentar con otro compañero la opinión que les merecen los muebles y los objetos que ha elegido. Llame su atención sobre la nota que encontrarán a la derecha del dibujo y explique que en ella tienen recursos que pueden utilizar para valorar los diferentes objetos. Aclare los significados de las palabras que sean necesarios, poniendo ejemplos de objetos que haya en su clase o con dibujos esquemáticos en la pizarra. Antes de dar paso a la actividad, asegúrese de que sus alumnos no tienen problemas con el género de los adjetivos y la concordancia. Puede ayudarse de los apartados *Concordancia adjetivo-sustantivo* y *Gradación de adjetivos* de la página 74. Escriba en la pizarra los adjetivos con los que van a trabajar sus estudiantes (en el bloc de muestra) y reparta las tarjetas que utilizó para presentar el vocabulario de objetos (las palabras o, si lo prefiere, las fotos). Pídales que coloquen las tarjetas boca abajo en un montón y que levanten una. Usted, mientras, irá marcando diferentes adjetivos en su lista de la pizarra y ellos irán haciendo frases, siempre que tengan lógica, poniendo atención a la concordancia. Por ejemplo, usted está señalando la palabra **cómodo** y han levantado la tarjeta **silla** y dicen: **Esta silla es muy cómoda.** Una vez que se han familiarizado con el vocabulario y las estructuras puede pasar a la actividad. Pídales que, en parejas, comenten su valoración personal de las cosas de ese despacho.

SUGERENCIAS

Pida a sus estudiantes que piensen en otros muebles y objetos que hay normalmente en un despacho y que escriban, en un minuto, las palabras que conozcan en español para designarlos. Haga una puesta en común en la pizarra. Anime a que pregunten las palabras que no entienden al compañero que la escribió.

6. VUESTRO NUEVO DESPACHO

Elegir un objeto (entre dos) y explicar la elección, comparándolo con otro.

ANTES

Para familiarizarse con el vocabulario de las etiquetas que acompañan a cada producto, puede llevar una transparencia en color con los objetos.
Asegúrese de que sus alumnos recuerdan y no tienen problemas para producir los números que aparecen en los objetos de esta actividad. Si le parece necesario, propóngales este juego: en parejas, un compañero va a decir el precio de uno de estos objetos y el otro debe descubrir de qué objeto se trata.

PROCEDIMIENTOS

Presente el vocabulario que encuentran en la nota de la derecha con palabras para comparar cantidades y precios. Puede poner ejemplos con números diferentes para explicar el significado y después vaya haciéndoles preguntas cada vez más rápido: **¿El doble de 23? ¿La mitad de 46? ¿El triple de 2.090?** ... Luego pídales que lo hagan ellos mismos con un compañero. Explique a sus estudiantes la situación de esta actividad: con su compañero de despacho tienen que elegir una silla, un ordenador, un reloj, una lámpara y una cajonera para su nuevo despacho. Lea con sus alumnos el ejemplo, que servirá de muestra de las estructuras que van a utilizar para resolver el ejercicio.

7. TU CASA IDEAL

Pedir información de una casa o un piso: cómo es, qué tiene y dónde está.

ANTES

Pida a sus estudiantes que piensen cómo es su casa ideal, dónde está y qué tiene. Déjeles dos minutos para que lo piensen y pregunten el vocabulario que no conozcan.

PROCEDIMIENTOS

Explique que van a conocer la casa ideal de un compañero, haciéndole preguntas como las del ejemplo de esta actividad. El compañero sólo podrá responder **sí** o **no**. Pida que cojan un papel para ir dibujando la casa ideal del compañero.

SUGERENCIAS

Si le parece más adecuado y rentable para su grupo de estudiantes, puede pedirles que piensen en su despacho o en su oficina ideal.

8. HOTELES PARA TODOS LOS GUSTOS

Elegir un hotel para una situación determinada y explicar la elección, valorando el hotel y comparándolo con otros.

ANTES

Para familiarizarse con el material que van a utilizar en la actividad y el vocabulario, puede acercarse a los folletos de los hoteles con un juego de lectura de escáner. Escriba las frases en la pizarra o llévelas escritas en una transparencia. Proponga a sus estudiantes buscar la respuesta a la pregunta **¿De qué hotel se trata?** en el mínimo de tiempo posible.

Tiene un club nocturno Está a 33 kms. de la ciudad Tiene sauna y jacuzzi Está en el centro financiero Está en Buenos Aires	Tiene un casino Tiene sala para reuniones y conferencias Es un gran complejo hotelero Tiene peluquería

Solución

Tiene un club nocturno .... *Marriot Plaza*
Está a 33 kms. de la ciudad .... *Hyatt Dorado Beach*
Tiene sauna y jacuzzi .... *Santa Clara*
Está en el centro financiero .... *Anauco Hilton*
Está en Buenos Aires .... *Marriot Plaza*
Tiene un casino .... *Hyatt Dorado Beach*
Tiene sala para reuniones y conferencias .... *Marriot Plaza, Anauco Hilton y Santa Clara*
Es un gran complejo hotelero .... *Hyatt Dorado Beach*
Tiene peluquería .... *Marriot Plaza*

PROCEDIMIENTOS

Explique que tienen que elegir un hotel, de los cuatro que aparecen en el folleto, para diferentes situaciones: un viaje de negocios, unas vacaciones con un/a amigo/a o con su familia, para un amigo que viaja por primera vez a Sudamérica y para una luna de miel. Aclare los problemas de vocabulario que puedan tener y déjeles tiempo, unos diez minutos aproximadamente, para que lean la información y escriban en la tabla el hotel que les parece más adecuado a esa situación y las razones que les han llevado a elegirlo. Una vez que hayan preparado sus valoraciones, invíteles a que, en grupos de tres, las expongan a sus compañeros para comprobar si han coincidido en sus elecciones.

SUGERENCIAS

Puede añadir otras situaciones o dejar que sean sus estudiantes los que sugieran otras según su realidad y experiencia.

PROYECTOS CON FUTURO

Valorar un proyecto. Asesorar a personas que quieren montar una empresa: tipo de negocio, precio, ubicación...

COSAS NUESTRAS

La información que aparece en el texto de la página 71 está obtenida de un artículo de una conocida revista de negocios. El artículo que aparece en la actividad es una adaptación.

Las fotos que encontrará en la página 73 pertenecen a conocidos lugares, calles y edificios de Madrid.

La **Plaza de España** está en la zona centro de la ciudad, es una plaza que enlaza la **Gran Vía**, una calle comercial y de cines y teatros, y la **calle Princesa** (foto de abajo a la izquierda). Es una zona de tiendas y oficinas, con unos grandes almacenes, cines y bares para salir por la noche. En la plaza se puede encontrar una zona ajardinada y una escultura de Don Quijote y Sancho Panza.

La **Estación de Atocha** es una de las grandes estaciones de Madrid. Reformada y habilitada como jardín exótico en 1992, es hoy uno de los lugares más visitados por los turistas. Está situada en la zona centro-sur, cerca de lugares tan turísticos como el **Museo del Prado** o el **Centro de Arte Reina Sofía**. De esta estación sale el **AVE**, tren de alta velocidad que une la capital con Sevilla. La **Plaza Picasso**, con la torre del mismo nombre (a la izquierda en la foto), está junto al edificio **La Castellana**. Se encuentran en la zona norte de Madrid, en un barrio conocido como Nuevos Ministerios, junto al famoso paseo de la **Castellana**, en el que se encuentran muchas de las empresas que trabajan en Madrid. Muy cerca está el estadio de fútbol Santiago Bernabéu y el Palacio de Congresos.

Siguiendo por el **Paseo de la Castellana** llegamos a la **Plaza de Castilla**, cercana a la estación de Chamartín, importante estación ferroviaria de la zona norte de la ciudad. En la **Plaza de Castilla** encontramos las **Torres Kio** y una importante estación de autobuses que unen Madrid con las ciudades de los alrededores.

ANTES

Presente a sus estudiantes la situación. En grupos de tres, trabajan en una asesoría y tienen dos clientes que quieren invertir su dinero en un negocio e instalarlo en Madrid.

PROCEDIMIENTOS

A. Pregunte a sus estudiantes si saben qué tipo de documento es el de este apartado y anímeles a descubrir la respuesta en la instrucción. Después pregunte qué proyectos propone el artículo y asegúrese de que entienden de qué se trata, ayudándose del dibujo. Una vez que se hayan familiarizado mínimamente con los proyectos, pídales que busquen en el texto las características que tienen en común esos ocho proyectos, los cinco adjetivos que los definen.

Solución
Innovadores, atractivos, rentables, seguros y arriesgados.

Aclare los problemas de comprensión que puedan existir con estos adjetivos. Escriba en la pizarra las palabras **inversión**, **rentabilidad** y **amortización** y dígales que son datos que hay que tener en cuenta para valorar un negocio. Antes de pasar a la actividad, sus alumnos necesitarán conocer estructuras como: **necesita una inversión de ... euros, tiene una rentabilidad del ... por ciento** o **se amortiza en ... años**. Para presentarlas, puede utilizar la muestra que aparece en el ejemplo y dedicar unos minutos a un juego de adivinanzas similar al que hizo en la actividad 8. Puede dar una frase como **Tiene una rentabilidad del 15%, ¿qué es?** para que sus alumnos respondan: **la sala de actuaciones**. Después, puede dejar que ellos mismos den frases de este tipo a un compañero para que busque de qué negocio se trata.
Una vez que sus alumnos están preparados en cuanto a vocabulario y estructuras, déjeles un tiempo razonable para que estudien los diferentes proyectos. Recuérdeles que pueden comparar unos proyectos con otros para elegir los que les parecen más interesantes. Después, pídales que, en grupos de tres, hagan una puesta en común para comparar sus opiniones.

B. En la ficha de este apartado aparecen los dos clientes para los que van a elegir el proyecto más adecuado. Tendrán que tener en cuenta el presupuesto de inversión y los comentarios sobre cada cliente que aparecen en la instrucción: **el señor Mendoza tiene mucha experiencia en la hostelería y al señor Pérez no le gusta el campo.** Deje tiempo para que preparen las dos propuestas y, después, pida que se reúnan de nuevo con los dos compañeros con los que trabajaron en el apartado anterior, para elegir cuáles van a proponer a sus clientes.

C. De los anuncios tendrán que elegir, individualmente, los locales u oficinas que les parecen más adecuados para cada cliente y negocio. Ayude a sus estudiantes con comentarios sobre esas zonas de Madrid: céntricas (Hortaleza, Pl. Santa Ana, Chamberí), comerciales (Hortaleza, Pl. Santa Ana, Chamberí, Salamanca), con muchos locales de diversión (Pl. Santa Ana, Bilbao, Hortaleza), de oficinas (Castellana, Chamberí, Goya) o lejos del centro (Fuencarral).

D. Pídales que completen las fichas de cada cliente con la información del local que hayan elegido. De nuevo, tendrán que reunirse con sus dos compañeros para ponerse de acuerdo en el local más conveniente, explicando su elección. Una vez que se hayan puesto de acuerdo, propóngales que preparen una pequeña presentación de sus propuestas, con su justificación, para exponerlas a la clase y comparar con las soluciones de otros grupos.

SUGERENCIAS
Puede sugerir a sus alumnos que elijan, en grupos, el proyecto de empresa que les parece más interesante. Ellos mismos pueden decidir cuál es el presupuesto del que disponen y la zona de Madrid donde les gustaría ubicarlo.

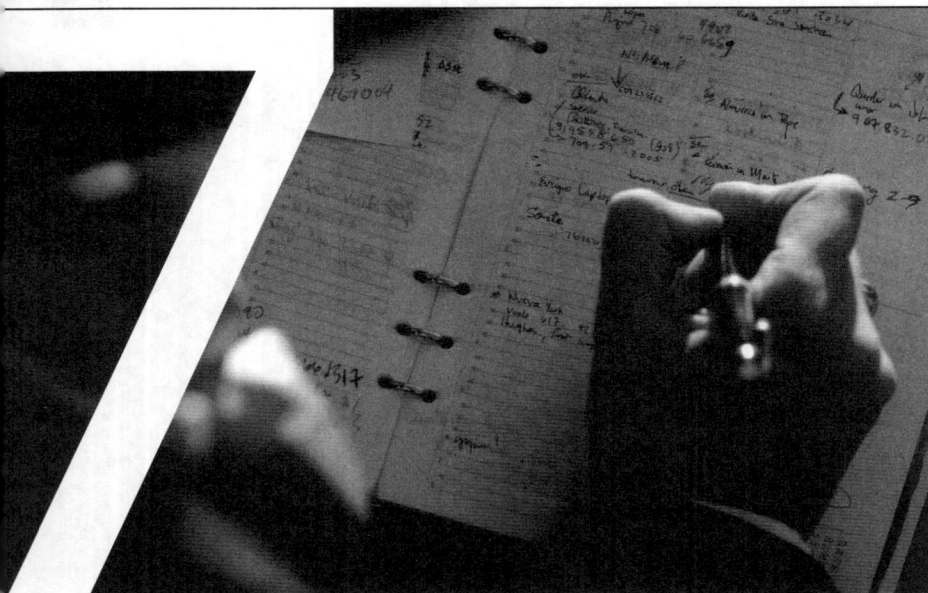

Agenda de trabajo

En el Libro del alumno

T Nuestros alumnos van a organizar su agenda de trabajo de una semana. Para ello aprenderán a situar una acción en el día y en la semana, hablar de la frecuencia con que realizan algunas acciones, hablar de sus obligaciones y de acciones previstas, hablar de la posibilidad de realizar una acción y quedar o concertar una cita.

En el Cuaderno de ejercicios

1 Los días de la semana

2 Costumbres y horarios

3 Vocabulario. Verbos y sustantivos

4 La programación de una cadena de televisión

5 Horarios, días y lugares

6 Preposiciones a, de y por

7 Actividades y frecuencia

8 Verbos irregulares en Presente de Indicativo: empezar, cerrar, hacer, repetir, jugar y acostarse

9 Reconocer las personas gramaticales de los verbos

10 Aconsejar: tienes que...

11 ¿A qué hora...?

12 Diálogos telefónicos

13 Responder al teléfono. Dar excusas

14 Una conversación telefónica

15 Reaccionar: actividades y frecuencia

16 Actividades cotidianas. Primero, después, luego, más tarde...

17 Pronunciación: vocales

18 Contestadores automáticos

19 Un mensaje para el contestador automático

20 Organizar la agenda de la semana

PORTADA

Proyecte una transparencia con el siguiente vocabulario:

1. Visita al museo del Prado
2. Comida con mamá
3. Reunión con el departamento
4. Viaje a Eurodisney
5. Concierto de música sacra
6. Gimnasio
7. Inauguración de la nueva fábrica
8. Cena con el Sr. Fraga
9. Comprar entradas para el teatro
10. Presentación del último proyecto
11. Hacer el balance de este mes

Aclare posibles dudas de vocabulario y pida que clasifiquen en acciones más propias de una agenda de trabajo y acciones más propias de una agenda personal.
Realice una puesta en común teniendo en cuenta que, si bien en una agenda de trabajo podrían aparecer también las acciones propias de una agenda personal, sería raro encontrar las acciones 3, 7, 8, 10 y 11 en una agenda personal.
Presente entonces la foto de la página 76 y pregunte si creen que se trata de una agenda de trabajo o de una agenda personal.

1. AGENDA

Hablar de los días y horas en que puede realizarse una acción teniendo en cuenta una agenda.

COSAS NUESTRAS

Dados los particulares horarios de la sociedad española, hay que tener en cuenta lo siguiente:

La expresión **por la mañana** se refiere, por lo general, al periodo de tiempo comprendido entre el amanecer y las 12:00 del mediodía.
La expresión **a mediodía** se refiere, por lo general, al periodo de tiempo comprendido entre las 12:00 y las 14:00 (e incluso las 15:00), hora habitual de la comida o almuerzo.
La expresión **por la tarde** se refiere, por lo general, al periodo de tiempo comprendido entre las 15:00 y las 21:00.
La expresión **por la noche** se refiere, por lo general, al periodo de tiempo comprendido entre las 21:00 y las 24:00 (medianoche).
La expresión **de madrugada** se refiere, por lo general, al periodo de tiempo comprendido entre la medianoche y el amanecer.

ANTES

Presente la agenda de trabajo de José María Olivar y haga preguntas del tipo **¿Qué día tiene que visitar Kellox? ¿Qué día va a un concierto?**... asegurándose de que conocen los días de la semana. Luego pregunte: **¿Y a qué hora tiene la visita? ¿A qué hora tiene el concierto?**... Escriba las respuestas en la pizarra añadiendo, entre paréntesis, las expresiones **de la mañana, de la tarde** o **de la noche** según corresponda.

PROCEDIMIENTOS

A. Indique a sus estudiantes que esta semana José María Olivar tiene que hacer seis cosas más. Deje que las lean y asegúrese de que comprenden todo el vocabulario. A continuación, pídales que, individualmente, realicen la actividad.

B. Haga un repaso de la agenda de José María Olivar con frases como: **el sábado por la mañana tiene que jugar al squash, el martes por la tarde tiene una comida y luego tiene que viajar a Bruselas, el jueves por la noche tiene un concierto...**
A continuación hágales ver la muestra de lengua en rojo y déjeles tiempo para que preparen su intervención antes de hacer la puesta en común en grupos de tres.

2. HORARIOS

Identificar un establecimiento. Hablar de los horarios de establecimientos.

COSAS NUESTRAS

Los horarios que aparecen son representativos de ese tipo de establecimientos en España. De todos modos, cada establecimiento puede tener un horario de apertura y cierre particular, aunque, en la mayoría de los casos, se aproxima al que aquí aparece.

ANTES

Escriba en la pizarra **Horario de la clase de español** y, en números, el horario habitual de la clase. Diga en voz alta: **Las clases empiezan a las __ de la _____ y terminan a las ___ de la _____.**

Presente los horarios de la actividad y pregunte: **¿A qué hora abre Labora?, ¿A qué hora cierra Bankintra?**... Hágales notar la irregularidad de los verbos **empezar/cerrar** (página 86 de la *Gramática*). Diga que se trata de los horarios de seis establecimientos: un banco, un restaurante, una tienda de decoración, unos grandes almacenes, una agencia de trabajo y un cine.

PROCEDIMIENTOS

A. Asegúrese de que entienden el vocabulario y deje que, individualmente, descubran qué es cada uno de los establecimientos. Luego, en parejas, haga que comprueben siguiendo el modelo.

<u>Solución</u>
Labora es una agencia de trabajo.
Bankintra es un banco.
La Bodeguita del Caco es un restaurante.
Salas Hollywood es un cine.
El Corte Irlandés son unos grandes almacenes.
El Hogar es una tienda de decoración.

B. Pregunte a algunos estudiantes a qué hora abren los bancos en su país, a qué hora cierran, si abren los sábados... A continuación, divida la clase en parejas con miembros de diferentes nacionalidades y anímeles a descubrir qué país tiene los horarios más parecidos y más diferentes a los anteriores.

SUGERENCIAS
Si en su grupo no hay alumnos de diferentes nacionalidades, averigüe qué estudiantes han vivido en otro(s) país(es) para que sus compañeros les formulen preguntas.

Si ninguno de sus estudiantes conoce los horarios de otros países, puede repartir las tablas en parejas. Pídales que se imaginen los horarios de una de las columnas y los escriban. Después tendrán que preguntar al compañero los horarios de los establecimientos de la otra columna.

A	B
¿A qué hora abren y cierran estos establecimientos? Tú decides:	¿A qué hora abren y cierran estos establecimientos? Tú decides:
· Rosa que te quiero rosa (floristería): --	· La nevera loca (tienda de electrodomésticos): --
· La Sastrería (café): --	· La Lupe (bar): --
· Kavafis (librería): --	· El Pastelito de Cuba (pastelería): --
· Farmacia del Centro: --	· Arco-iris (papelería): --
· La Pipa de Oro (estanco): --	· LinguaNai (academia de idiomas): --
· TelePollo (restaurante especializado en pollo a domicilio): --	· Compra aquí (hipermercado): --
Ahora pregúntale a tu compañero los horarios de los establecimientos de la columna B y escríbelos.	Ahora pregúntale a tu compañero los horarios de los establecimientos de la columna A y escríbelos.

3. TELÉFONO
Familiarizarse con expresiones utilizadas por teléfono. Discriminar quién llama y si quiere dejar un recado.

ANTES
Simule ante sus alumnos cinco llamadas telefónicas en las que usted utilice las siguientes expresiones contextualizadas: **está, no está, comunica, está ocupado/a, está reunido/a.**

PROCEDIMIENTOS

A. Presente la situación y realice las cinco escuchas. Luego proceda a una puesta en común.

Solución

3, 2, 1, 4, 5.

B. Explique el significado de las preguntas que aparecen sobre cada columna y ponga nuevamente la audición con pausas entre cada llamada. A la pregunta **¿Quiere dejarle algún recado?** sólo han de responder **sí** o **no**. Finalmente, haga una puesta en común.

Solución

ALMATEL **AMT**	¿Quién llama?	¿Quiere dejarle algún recado?
3	*Comunica*	-	-
2	*Está*	*Pilar García (Simago)*	-
1	*No está*	*Carlos Romero (Adidas)*	*Sí*
4	*En este momento está ocupado/a*	*Antonio López*	*No*
5	*En este momento está reunido/a*	*Juan Carlos (Coca-Cola)*	*Sí*

4. CITAS DE TRABAJO

Distinguir entre un tratamiento más o menos formal. Discriminar el día y la hora de varias citas.

ANTES

Presente la situación y la foto de Antonio Gutiérrez. Pregunte con cuántas personas tiene que hablar por teléfono y qué tiene que hacer con cada una de ellas.

PROCEDIMIENTOS

A. Pida a sus estudiantes que observen las fotos y los nombres de cada persona antes de formular sus hipótesis sobre el tratamiento que utilizará Antonio con cada una de ellas. Luego proceda a la escucha de comprobación.

Solución

1. Tú
2. Usted
3. Tú
4. Tú
5. Usted

B. Lea en voz alta el recuadro amarillo de la foto 1. Seguidamente, lea el de la foto 2 e indique que, tras una nueva escucha, deben completarlo con el día y la hora de la comida. También deberán completar los recuadros de las otras tres fotos. Proceda a repetir la audición y haga una puesta en común. Si es necesario, haga una tercera escucha.

5. EMPRESARIOS
Comprender las actividades del fin de semana de una persona y la frecuencia con que las hace.

COSAS NUESTRAS
En la actividad aparece un fragmento de **EL PAÍS**, uno de los periódicos de mayor tirada en España y que tiene, además, ediciones internacionales. En él aparece una noticia ficticia sobre el empresario Amado Rico, también ficticio, en la que se menciona **Radio Nacional de España** (Rne), la cadena pública de radio española.

ANTES
Muestre el recorte de periódico y pregunte quién es el hombre de la foto y a qué se dedica. A continuación, pregunte qué dice EL PAÍS sobre Amado Rico.
Explique que van a escuchar un fragmento del programa «Empresarios» donde Amado Rico habla de sus fines de semana.
Asegúrese de que conocen el vocabulario del recuadro que acompaña el artículo.

PROCEDIMIENTOS
A. Realice una escucha para que sus estudiantes ordenen las acciones por orden de aparición. Después, haga una puesta en común.

B. Deje claro el significado de los adverbios de frecuencia poniendo algunos ejemplos de cosas que usted hace (o no hace nunca) en clase. Después proceda a la escucha para que sus alumnos escriban con qué frecuencia Amado Rico hace sus actividades de fin de semana. Deje que comprueben en parejas y haga una nueva escucha, si es necesario.

C. Cuente a sus estudiantes qué hace usted los fines de semana indicando la frecuencia con que realiza esas actividades. Añada algunas cosas que nunca hace. Intente usar algún verbo irregular. Reparta un texto donde aparezca, grosso modo, lo que usted acaba de contar y pídales que subrayen los verbos. Una vez hayan terminado, pídales que identifiquen el infinitivo correspondiente de cada verbo y que digan cuál de ellos es irregular. Haga una puesta en común y remítales a la página 86 para observar los diferentes grupos de verbos irregulares en Presente de Indicativo. Pídales que completen los grupos con otros verbos irregulares que ya conocen (**tener, preferir, poder**...). A continuación, dígales que, en un papel aparte y en secreto, escriban lo que hacen los fines de semana y con qué frecuencia y que también apunten algunas cosas que no hacen nunca. Proporcióneles la ayuda léxica que necesiten y ayúdeles a corregir posibles errores.

D. Finalmente, recoja todos los papeles y mézclelos antes de repartirlos procurando que a nadie le corresponda el suyo. Deje que lo lean para intentar averiguar de quién es.

SUGERENCIAS

Una vez que todo el mundo haya leído su papel y haya hecho su hipótesis sobre el autor del texto, puede hacer que, antes de decir a quién pertenece, formulen preguntas a sus compañeros para corroborar o desechar sus hipótesis.

◇ **¿Vas al campo los fines de semana?**
★ **No, pero a veces voy a la playa.**

Otra posibilidad es que, después de acabar la actividad, en parejas o en grupos de tres, y sin los papeles, se cuenten sus fines de semana para descubrir si tienen cosas en común. Al final haga una puesta en común de lo más curioso o llamativo de cada estudiante.

6. ESTRÉS

Hablar de acciones relacionadas con el trabajo y dar consejos para superar el estrés.

ANTES

Pregunte a sus estudiantes si creen que Amado Rico es un empresario que tiene estrés y aclare el significado de esta palabra (puede comentar el origen inglés de la palabra y cómo se escribe en español). Después pregúnteles si ellos creen que sufren estrés en su trabajo o en sus estudios. Remítales a la página 81 donde encontrarán un test con esta pregunta como título. Pídales una respuesta afirmativa o negativa y luego que maticen utilizando las formas **muchísimo, mucho, bastante, un poco** o **nada**. El gráfico de la derecha tiene en su interior tres círculos de colores a modo de semáforo de alerta ante el estrés. Pregúnteles dónde se situarían: en el color verde (sin estrés), amarillo (un poco o bastante) o en el rojo (mucho o muchísimo). Pídales que lo marquen con una cruz. Explíqueles que van a comprobar, con el test del departamento de Recursos Humanos de una empresa, si su hipótesis es correcta. Deje tiempo para que lean las 15 frases del test y anímeles a que pregunten a sus compañeros y a usted lo que no entiendan. Haga lo posible para que sus alumnos expliquen el vocabulario sólo en español animándoles a usar diferentes estrategias: dibujos, gestos, ejemplos, sinónimos...

PROCEDIMIENTOS

A. Pida que se organicen en parejas para realizar el test al compañero. Antes, déjeles tiempo para preparar las preguntas. Si considera que sus estudiantes lo necesitan, tome notas en la pizarra. Puede utilizar la página 86 de la *Gramática* para las formas verbales. Una vez preparadas las preguntas, puede dar paso a la actividad. Pídales que, antes de empezar a preguntar y a tomar sus notas, pregunten a su compañero si cree que tiene estrés, y en qué medida. Previamente tendrán que rellenar la ficha con los datos del compañero utilizando los recursos ya practicados en la *Unidad 2*.

B. Invite a sus estudiantes a que preparen otras preguntas para tener más información de sus compañeros antes de darle los resultados del test.

C. Explique que van a valorar, según los resultados del test y sus preguntas, el grado de estrés de su compañero. Para facilitar la tarea, indíqueles que marquen en el gráfico, de abajo a arriba, los números en la columna vertical de **nº de síes** y que hagan líneas horizontales desde los números 4, 6, 9 y 12 para visualizar los cinco grados de estrés. Explique que la tabla beige les ayudará a interpretar los resultados del test. Dé un tiempo razonable para que preparen los resultados que van a presentar a su compañero y algunos consejos para superar o mejorar sus problemas. Remítales para esto último a la muestra de lengua de este apartado.

SUGERENCIAS
Puede pedir a sus alumnos que le hagan el test a usted mismo antes de hacerlo a sus compañeros. Además de que puede ser motivador para sus estudiantes, les ayudará a entender el objetivo y la dinámica de la actividad.

7. EL FIN DE SEMANA
Hablar de los planes del fin de semana con un compañero para quedar con él.

COSAS NUESTRAS
Hablamos de **fin de semana** para referirnos al sábado y domingo, días que, generalmente no son laborables.

ANTES
Pida a sus estudiantes que recuerden las actividades del fin de semana de Amado Rico que vieron en la actividad 5 y escríbalas en la pizarra con la forma del infinitivo: **jugar al golf, quedarse en casa, trabajar, salir con amigos, ir al campo** y **levantarse tarde**. Después, añada a la lista las actividades que usted realiza normalmente los fines de semana y otras que sus alumnos propongan. A continuación, presente la actividad 7 y pídales que añadan a la lista de actividades de fin de semana las que representan los dibujos: **tomar un café con algún amigo, ir a un congreso, viajar, ir a la playa, trabajar/jugar en el ordenador, jugar al tenis, ir al cine, trabajar, comer/cenar en un restaurante.**

PROCEDIMIENTOS
Deje tiempo para que piensen en su próximo fin de semana y para que completen el fragmento de agenda que aparece a la derecha de las ilustraciones con sus planes en la hora prevista. Explique que van a buscar con un compañero un momento (dos horas aproximadamente) en ese fin de semana para estudiar español juntos. Pídales que lean el ejemplo de esta actividad para responder a estas dos preguntas: **¿Cuándo quedan?** (el sábado por la tarde, **después de comer) ¿Qué estructura utilizan para quedar?** (¿Y si quedamos...?). Una vez respondidas, deje que formen parejas y dé paso a la actividad. Cuando hayan finalizado su conversación, pregunte cuándo ha quedado cada pareja para comprobar que han llegado al objetivo de la negociación.

8. QUEDAR POR TELÉFONO
Familiarizarse con diferentes recursos para concertar una cita de trabajo por teléfono.

ANTES
Presente los diálogos 1 y 2 de la actividad 8 como conversaciones telefónicas, una más formal y otra menos formal, entre dos personas que quedan para hablar de asuntos de trabajo. Pida a sus estudiantes que en un minuto echen un vistazo a los diálogos y decidan cuál es el más formal (usted) y cuál el menos formal (tú).

PROCEDIMIENTOS

A. Déjeles unos minutos para que, individualmente, completen las conversaciones con las frases que están en el centro. Después, pídales que las comparen con un compañero y que lean los diálogos entre los dos para comprobar que funcionan.

B. Pase a la escucha de las conversaciones para que sus alumnos comprueben que los han completado correctamente.

Solución

En el diálogo 1: *1, 4, 6 y 3.*
En el diálogo 2: *5, 2 y 7.*

SUGERENCIAS

Como juego de repaso o si su grupo necesita reforzar y dedicar más tiempo a memorizar las estructuras nuevas, puede llevar a clase un juego de tarjetas con las conversaciones de la actividad. Escriba cada una de las intervenciones de la conversación en una tarjeta diferente para que en parejas las ordenen. Puede utilizar el audio y el libro para la corrección. También puede pedir a sus alumnos que construyan un nuevo diálogo, formal o informal, utilizando algunas de las frases en rojo del ejercicio.

9. CONCERTAR UNA CITA

Fijar una cita de trabajo por teléfono.

ANTES

Asegúrese de que sus alumnos reconocen y utilizan las estructuras necesarias para concertar una cita por teléfono. Puede utilizar las páginas 86 y 87 para que seleccionen los recursos que necesiten (*Días de la semana, Situar en el día, Algunos irregulares en presente, TENER QUE + Infinitivo, Quedar, Referirse a un tema, Por teléfono*).

PROCEDIMIENTOS

A. Pida a sus alumnos que formen grupos de tres y que cada uno elija un papel, A, B o C, que luego van a intercambiar. Dé tiempo para que cada uno lea su papel y entienda la situación. Asegúrese de que lo han entendido bien y anímelos a que aclaren sus dudas con otros compañeros que tengan el mismo papel. Una vez que esté clara la situación, deje unos cinco minutos para que, como estrategia, preparen la conversación. Indíqueles que pueden utilizar las conversaciones que vieron en la actividad anterior para preparar la suya.

B. Cuando lo tengan todo preparado, invíteles a que simulen la situación sentados espalda con espalda, como en la ilustración. Explique que se colocarán de esta forma para reproducir la realidad de las conversaciones telefónicas en las que no podemos ver a nuestro interlocutor. Después, invíteles a cambiar los papeles para que todos participen desde los tres puntos de vista.

T REUNIONES DE EQUIPO

Organizar la agenda de trabajo de una semama.

COSAS NUESTRAS

La comunidad autónoma de **Baleares** se encuentra en el mar Mediterráneo. Hay cinco islas principales: Mallorca, Menorca, Ibiza, Formentera y Cabrera. La capital es la ciudad de Palma.

ANTES

Explique a sus estudiantes la situación en la que van a participar: los tres trabajan, cada uno con un cargo diferente, en una cadena de agencias de viaje y hoteles en las Baleares. Explique brevemente lo que van a hacer a lo largo de la tarea.

PROCEDIMIENTOS

A. Cada alumno del grupo elige uno de los cargos (Jefe de equipo de agentes comerciales, Director comercial – Viajes, Director comercial – Hoteles) y lee la nota con las cosas que tiene que hacer esa semana. Aclare las dudas de vocabulario que pudieran surgir e invíteles a añadir otras cosas, si quieren.

B. Después, pídales que cada uno complete su agenda de la semana con las cosas que tiene que hacer, colocándolas en un día y hora determinados y marcando la duración aproximada.

C. Explique que en su agenda tienen sus compromisos personales, pero que hay algunas cosas que hacer en la empresa esa semana con los otros compañeros. Con su grupo, y con ayuda de las notas, el folleto y el fax tendrán que descubrir qué cosas son las que tienen que hacer. Recuérdeles que pueden utilizar la estructura **tenemos que + Infinitivo** para hablar de las obligaciones. Si es necesario, puede hacer referencia a este apartado de la página 87.

D. Como se trata de reuniones y tareas que deben realizar en equipo, explique que tienen que buscar el día y hora para hacerlo teniendo en cuenta los espacios libres que quedan en su agenda. Asegúrese de que tienen los recursos necesarios para esa negociación. Pídales que vayan tomando notas cada uno en su agenda de las citas que vayan fijando. Pídales que tomen una decisión en cuanto al tratamiento que van a utilizar con sus compañeros, más formal (ustedes) o menos formal (vosotros). Cuando hayan finalizado, puede pedirles que comparen sus tres agendas con el fin de comprobar que todos lo han entendido bien y que han llegado a las mismas conclusiones.

SUGERENCIAS

Si los alumnos de su grupo pertenecen al mismo sector profesional, o si puede hacer grupos de dos o tres personas del mismo sector o la misma empresa, puede adaptar la tarea a la realidad de sus estudiantes. Las notas que aparecen en el apartado **A** pueden hacerlas ellos mismos dándoles tiempo y contando con su ayuda para los posibles problemas de vocabulario. Usted podría fabricar documentos similares a los del apartado **C** adaptados a la realidad de las empresas donde sus estudiantes trabajan o trabajarían (si todavía no trabajan). A lo largo de esta unidad ha podido ir recogiendo información en este sentido.

8

Citas y reuniones

En el Libro del alumno

T Nuestros alumnos van a elegir un restaurante y una fecha para una comida de empresa. Para ello aprenderán a expresar sus gustos y preferencias, manifestar acuerdo y desacuerdo, invitar y hacer una propuesta, aceptarla y rechazarla.

En el Cuaderno de ejercicios

1. Invitar y proponer. Aceptar y rechazar
2. Invitar y proponer en diferentes situaciones
3. La comida mexicana
4. Elegir un restaurante de Ciudad de México
5. Decidir qué es lo más importante en la primera cita con un cliente
6. Gustos y preferencias en el trabajo
7. **Gustar, encantar, muchísimo/mucho/ bastante/nada**
8. **A mí sí/no/también/tampoco**
9. Anuncios personales. Escribir un anuncio
10. **Me/te/le/nos/os/les, gusta/gustan**
11. Describir los gustos de dos personas
12. Restaurantes. Gustos y preferencias

13. Vocabulario. Términos equivalentes
14. **Le/les**
15. Pronombres de Objeto Indirecto: **me, te, le, nos, os, les**
16. Información personal
17. Elegir un menú
18. Contraste: **E/I, F/P, R/L, D/T y B/P**
19. Ingredientes: **llevar**
20. Reaccionar: gustos, preferencias, invitaciones y sugerencias
21. Vocabulario: bebidas, verdura, fruta, carne y pescado
22. Preparar una sorpresa para una cena

PORTADA

Escriba en la pizarra las siguientes preguntas: **¿Dónde están? ¿Qué día de la semana es? ¿Qué hora del día es? ¿Por qué están en este lugar? ¿Qué hacen las personas de la foto? ¿Qué relación hay entre ellos? ¿A qué se dedican? ¿Dónde trabajan?** Pida a sus estudiantes que, en parejas, se pongan de acuerdo para responder a las preguntas. Después, pídales que cada uno escoja un personaje de la foto y que prepare la agenda para esa semana. Por último, explique que estas personas tienen que quedar otro día para finalizar lo que están haciendo y pídales que, tomando el papel de los personajes de la foto y con ayuda de su agenda, busquen un día y una hora para tener una nueva cita.

1. INVITACIONES

Familiarizarse con diferentes fórmulas para invitar en español y aceptar o rechazar una invitación.

COSAS NUESTRAS

Recuerde que en español cuando rechazamos una invitación es habitual disculparse y justificar el rechazo con fórmulas como **lo siento** o **es que...**

ANTES

Utilice preguntas de la actividad de la foto de portada para que sus alumnos observen con atención las ilustraciones. Después pídales que imaginen a qué están invitando los personajes y que aventuren una respuesta positiva o negativa para cada situación.

PROCEDIMIENTOS

A. Explique que van a escuchar las seis conversaciones y que sólo deben prestar atención a si la persona invitada acepta o rechaza la invitación y tomar nota marcando en la casilla que corresponda: **SÍ** o **NO**. Después, pida que comparen sus resultados con un compañero y repita la audición si lo considera necesario.

B. Pase de nuevo la audición haciendo pausas tras cada conversación y pídales que tomen nota, en parejas, de la frase que entienden como respuesta a la invitación.

Solución
1. *(Sí) Estupendo. Venga, vamos.*
2. *(Sí) Perfecto.*
3. *(No) No, gracias.*
4. *(No) Lo siento, es que los sábados no puedo.*
5. *(Sí) Sí, vale, perfecto.*
6. *(No) Lo siento Ramón, pero es que ya he quedado.*

SUGERENCIAS

Puede pedir a sus estudiantes que imaginen una respuesta contraria a la que han escuchado para cada situación. Para ello, pueden utilizar las estructuras que aparecen recogidas en la página 99 bajo los epígrafes *Aceptar una invitación o una propuesta* y *Rechazar una invitación*. Pregunte a sus estudiantes a quién invitan normalmente y a qué les invitan. Anímeles a que, en parejas, inviten al compañero y a que respondan aceptando o rechazando la invitación.

2. UNA CENA DE NEGOCIOS

Comprender informaciones y valoraciones relativas a restaurantes. Elegir un restaurante.

COSAS NUESTRAS

La información de los cuatro restaurantes que aparece en la actividad es material auténtico tomado de una guía de restaurantes de Madrid.

En cada ficha aparecen unos símbolos que representan algunas características y servicios que tienen estos restaurantes. **Pelotari**: aparcamiento, se aceptan tarjetas de crédito y salones privados. **La Alpujarra**: dos tenedores, aparcamiento, se aceptan tarjetas de crédito, se aceptan cheques de comida (que dan las empresas a sus empleados) y salones privados. **El Rinconcito**: salones privados y se aceptan tarjetas. **Vía 59**: salones privados, tienen menú del día (además de carta), aceptan tarjetas de crédito y cheques de comida.

ANTES

Aproveche las fotos para trabajar vocabulario relacionado con el restaurante y las comidas. Deje unos minutos para que sus alumnos escriban en su cuaderno palabras que relacionan con esas fotos y después haga una puesta en común escribiendo las palabras en la pizarra. Si lo prefiere, puede organizar grupos de cuatro personas y que cada estudiante elija una foto para escribir la lluvia de palabras. Después, pídales que hagan una puesta en común con su grupo y finalmente con toda la clase. Escriba en la pizarra estas frases una debajo de otra: **Me encanta, Me gusta mucho, Me gusta, Me gusta bastante, No me gusta, No me gusta nada** y dibuje, en un margen, una flecha que vaya de la primera frase (con un signo positivo +) a la última (con un signo negativo -). Utilice las fotos de los cuatro restaurantes para presentar el significado de las frases expresando sus gustos.

PROCEDIMIENTOS

A. Presente brevemente la situación. Explique que entre los cuatro restaurantes de la actividad hay **un restaurante moderno con música, un restaurante vasco, un restaurante gallego** y **un restaurante que cierra después de las 24.00** y que tienen que descubrir cuál es cada uno. Si lo desea, puede dejar que antes de hacer la lectura (selectiva) hagan sus hipótesis sobre cuál es cada uno. Deje unos minutos para que busquen las respuestas. Finalmente haga una puesta en común para comprobar que todos los alumnos están de acuerdo.

Solución
Vía 59, Pelotari, El Rinconcito y La Alpujarra.

B. Pase a la audición y explique que tan solo deben identificar los restaurantes de los que hablan esas dos personas en la conversación. Repítala si es necesario.

Solución
La Alpujarra, Pelotari y Vía 59.

C. En esta escucha se les va a pedir que subrayen en los textos la información que aparece en la conversación. Es importante que, antes, deje tiempo para que sus alumnos lean la información referente a cada uno de los tres restaurantes. Para ayudar a sus alumnos a entender la información, puede pedirles que en grupos de tres se repartan los restaurantes y completen esta tabla para presentar un restaurante a sus compañeros:

Está en...	Abre/cierra...	Tiene...	Cuesta...

Después pase a la audición para que puedan subrayar en el texto la información que escuchan. Puede hacer dos pausas: después de ... **Seguro que os gusta** y después de ... **Vale**. Deje que comparen con los dos compañeros y repita la audición para comprobar.

<u>Solución</u>
Pelotari: cocina vasca, carnes, postres caseros.
La Alpujarra: cocina andaluza, está de moda, servicio excelente, pescaditos fritos, vinos de todas las regiones.
Vía 59: ensaladas, Gran Vía, moderno, exposición.

D. En este último apartado, en grupos de tres, van a opinar sobre el restaurante que les parece más adecuado para una comida de negocios. Antes de dar su opinión, lea con ellos el ejemplo que aparece en la actividad.

SUGERENCIAS
Como repaso, deberes, o como juego de calentamiento, puede pedir a sus estudiantes que preparen algunas frases sobre alguno de los cuatro restaurantes, o una pequeña descripción para presentar a sus compañeros, que tendrán que descubrir de qué restaurante se trata.

3. ASPIRACIONES PROFESIONALES
Hablar de las preferencias personales en la situación laboral.

ANTES
Asegúrese de que sus estudiantes entienden las frases que aparecen en la actividad y que tienen recursos para expresar sus gustos y explicarlos. Para ello puede empezar presentando la pregunta **¿Qué es lo más importante para ti en un trabajo?** y las seis actividades que tendrán que valorar. Reparta este juego de tarjetas, uno por cada tres estudiantes, para que asocien las frases presentadas con su explicación.

ASUMIR RESPONSABILIDADES	RECIBIR FORMACIÓN CONTINUA	DISFRUTAR DE BUENAS CONDICIONES ECONÓMICAS

TENER POSIBILIDADES DE PROMOCIÓN	TENER UN PUESTO DE TRABAJO ESTABLE	FORMAR PARTE DE UNA GRAN EMPRESA MODERNA
Aceptar ser responsable de otros compañeros, de un equipo, de hacer determinadas tareas o trabajos en la empresa.	Asistir con frecuencia a congresos, seminarios, cursos en la empresa o fuera de la empresa. Estar siempre aprendiendo cosas prácticas para el trabajo de todos los días.	Ganar un buen sueldo, una cantidad importante de dinero. Tener pagas extras en Navidad y en verano. Tener la posibilidad de pedir a la empresa adelantos o préstamos sin interés.
Saber que, haciendo un buen trabajo, es posible cambiar de puesto y ascender a otro mejor dentro de la empresa.	Tener un puesto fijo en una empresa sólida. Tener un contrato indefinido.	Ser miembro de un buen equipo de profesionales en una empresa activa, que conoce las últimas novedades, que es conocida y tiene prestigio.

PROCEDIMIENTOS

A. Deje tiempo a sus estudiantes para que numeren estos aspectos de más a menos importancia (del 1 al 6 respectivamente) y para que preparen una explicación de sus preferencias.

B. Pídales que expliquen a sus compañeros su valoración y sus gustos utilizando el ejemplo como muestra. Explique que deben descubrir los tres aspectos más valorados/importantes para la mayoría de la clase. Escríbalos en la pizarra.

4. EQUIPOS DE TRABAJO

Hablar de gustos y preferencias personales en la forma de trabajar y expresar acuerdo y desacuerdo.

ANTES

Presente el material con el que van a trabajar preguntando qué es la tabla azul y cuál es el tema general de las seis preguntas. Explique que van a contestar individualmente y que luego harán una puesta en común para buscar dos compañeros con formas de trabajar similares.

PROCEDIMIENTOS

A. Deje un tiempo razonable para que sus alumnos puedan pensar y responder individualmente a las preguntas del test.

Mientras sus alumnos realizan la actividad, usted puede escribir esta tabla en la pizarra.

Me gusta trabajar en grupo de tres. A mí **también.**	**Me gusta** trabajar en grupo de tres. A mí **no.**
No me gusta trabajar en grupo de tres. A mí **tampoco.**	**No me gusta** trabajar en grupo de tres. A mí **sí.**

B. Pídales que busquen en la muestra de este apartado las preguntas que utilizan esas personas para conocer el gusto de su compañero: **¿En qué tipo de proyectos te gusta más trabajar?** y **¿Y a ti?** A continuación, pregunte cómo responden a esas preguntas: **A mí también** y **A mí no.** Presente la tabla que ha hecho en la pizarra para presentar las cuatro posibilidades de respuesta. Puede hacer referencia al apartado *Gustos iguales / gustos diferentes* de la página 98 de la *Gramática*. Dé paso a la actividad recordándoles antes que tienen que buscar a tres compañeros en la clase con los que compartan gustos para formar un buen equipo. Una vez que hayan terminado, compruebe que han llegado al objetivo preguntando qué equipos se han formado y cuáles son los gustos que comparten (en la forma de trabajar).

SUGERENCIAS

Como continuación o como ejercicio de deberes puede pedirles que creen otras preguntas y respuestas que no estén recogidas en el test y que les parezcan relevantes para descubrir cómo les gusta trabajar.

5. GUSTOS Y PREFERENCIAS

Pedir y dar información sobre los gustos y preferencias (y su grado) en relación con personas, objetos y actividades del mundo laboral.

ANTES

Escriba en la pizarra estas frases: **Me gusta trabajar con gente, No me gusta el horario, Me gustan mis compañeros, Me gusta hacer un trabajo creativo, No me gusta el café de la** máquina, **Me gustan las reuniones**. Pida a sus estudiantes que, en parejas, busquen una explicación para el uso de **gusta** y de **gustan**. A continuación déles estas frases (o póngalas en una transparencia) para que las completen con una de las dos formas. Después invíteles a que comparen con otros compañeros y haga una pequeña puesta en común para comprobar que han entendido la diferencia.

> Me ... tener libre el fin de semana.
> Me ... comer con los compañeros.
> Me ... viajar.
> Me ... la sonrisa de mi jefe/profesor.
> Me ... las comidas de negocios.
> Me ... trabajar en equipo.
> Me ... trabajar con ordenadores.
> Me ... los viajes de trabajo.
> Me ... mi sueldo.
> Me ... el ambiente del trabajo / de la clase.
> Me ... los ordenadores portátiles.

PROCEDIMIENTOS

A. Deje tiempo para que sus alumnos lean el enunciado, compruebe que no hay problemas de comprensión y pídales que señalen con un signo (++, +, -) sus gustos y preferencias.

B. Recuerde a sus alumnos la pregunta que van a hacer a sus compañeros para descubrir sus gustos. Para ello, puede utilizar también la muestra de lengua. Anímeles a que se levanten y se muevan por la clase buscando cosas que les gustan mucho, bastante o nada, a tres compañeros. Pídales que tomen nota de las respuestas y de los nombres de sus compañeros para utilizar después la información y comprobar que han entendido correctamente.

C. Explique que van a contar al grupo lo que han descubierto sobre los gustos de sus compañeros, pero que tendrán unos minutos antes para repasar la información y preparar lo que van a decir. Antes de darles un tiempo para prepararlo, llame su atención sobre la muestra de este apartado en la que se relacionan los gustos de los compañeros con el propio. Remítales a la página 98 de la *Gramática* para presentar las formas de 3ª persona del singular y 1ª persona del plural del verbo **gustar**, que necesitarán para esta actividad. Una vez que hayan preparado su pequeña presentación, pídales que escuchen a los compañeros para verificar que no hay ningún error y encontrar a otros compañeros con los mismos gustos que ellos.

SUGERENCIAS

Puede sugerir a sus alumnos que piensen en diferentes actividades de la clase de español para descubrir los gustos que comparten con otros compañeros y así formar grupos de trabajo ideales. También puede proponerles que preparen un test similar al de la actividad 4 con temas de la clase.

6. REUNIÓN ANUAL

Elegir un lugar para celebrar una reunión de empresa.

ANTES

Muestre las tres fotos de la actividad y pregunte si son capaces de reconocer alguna de las ciudades. Deje que comprueben buscando el nombre en los textos que acompañan las fotos. Pregunte si alguno de sus alumnos conoce esas ciudades y, en caso afirmativo, pregunte si le gustan, cómo son, qué hay en ellas, qué es lo que más le gusta de ellas...

PROCEDIMIENTOS

Presente la situación diciendo que la empresa ha preseleccionado un antiguo palacio, un centro de reuniones y un castillo para hacer la reunión. Invítelos a que busquen en los textos dónde están situados esos lugares. A continuación, pídales que subrayen la información referente a los servicios que ofrece cada lugar y aclare cualquier duda léxica que puedan tener. Luego pídales que, individualmente, piensen en cuál es el más adecuado para hacer la reunión y por qué. Finalmente hágales ver la muestra de lengua en rojo antes de agruparlos de cuatro en cuatro para que elijan uno de los lugares. Para terminar puede hacer una puesta en común de los sitios que haya elegido cada grupo para ver si coinciden.

SUGERENCIAS

Si sus estudiantes trabajan en una misma empresa, puede motivarlos haciendo que, en su selección, tengan en cuenta las características de su lugar de trabajo: los gustos del jefe, el número de empleados, los idiomas que hablan...

7. UN REGALO

Reconocer en un diálogo los regalos que unos compañeros de oficina van a hacer a otros. Ponerse de acuerdo con otras personas para hacer un regalo.

COSAS NUESTRAS

En España, como en muchos otros países, es costumbre hacer un regalo a los amigos más próximos que cumplen años. Con frecuencia, ocurre lo mismo entre compañeros de trabajo, quienes suelen comprar un solo regalo entre todos para ofrecérselo a quien está de cumpleaños.

ANTES

Enseñe las fotos de Mónica y Joaquín y pregunte cómo creen que es cada uno, qué hacen normalmente, qué hacen los fines de semana, qué les gusta, qué no les gusta... Presente la situación indicando que Mónica y Joaquín trabajan en la misma oficina.

PROCEDIMIENTOS

A. Deje tiempo para que piensen en tres posibles regalos y que los dibujen al lado de cada foto con trazos sencillos. A continuación intente que, entre ellos, se formulen preguntas sobre el vocabulario que no conocen bien con preguntas del tipo **¿Cómo se dice "montre" en español?** o **¿Cómo se dice esto en español?**

B. Presente la situación de la audición y proceda a la escucha secuenciada en dos partes: la primera para saber qué regalo le van a hacer a Mónica y la segunda para conocer el regalo de Joaquín. Repita la audición si es necesario. Pregunte finalmente quién ha coincidido en alguno de los regalos.

Solución

Unos pendientes (a Mónica) y una pluma (a Joaquín).

Para presentar el pronombre de Objeto Indirecto **le** escriba en la pizarra:

Le compran unos pendientes.

Le compran una pluma.

Pregunte a toda la clase **¿A quién le compran unos pendientes?** y escriba la respuesta, entre paréntesis, al lado de la primera frase: **Le compran unos pendientes (a Mónica).**
Pregunte luego **¿A quién le compran la pluma?** y escriba la respuesta al lado de la segunda frase: **Le compran una pluma (a Joaquín).**

Subraye a continuación los pronombres de Objeto Indirecto y pregunte qué significa **le** en cada caso. Puede dar más ejemplos repartiendo pequeños regalos en la clase: **A Philip le regalo una postal de Dalí, a Regine le doy una foto de Leonardo di Caprio, a Yoriko le regalo unos caramelos**... Después explique el porqué de dichos regalos: **A Philip le regalo** (he regalado) **una postal de Dalí porque le gusta mucho el arte contemporáneo**...

C. Seguidamente, pregunte las fechas de cumpleaños de la clase para averiguar qué dos alumnos tienen su cumpleaños más cercano. Divida la clase en grupos de tres y plantee la actividad: unos pensarán en un regalo para un compañero y los demás en un regalo para el otro teniendo en cuenta los gustos, forma de ser, trabajo... de esos estudiantes. Antes de comenzar la interacción oral sería conveniente que pensaran, individualmente, en posibles regalos. Haga que observen la muestra de lengua en rojo y deje que comiencen la actividad. Una vez que todos los grupos hayan terminado, pregunte a cada uno por los regalos que han decidido.

SUGERENCIAS

Tras realizar **A**, y antes de presentar la situación de **B**, puede realizar una escucha para que sus alumnos discriminen los regalos que se mencionan y, si han coincidido en algunos, que lo señalen en sus dibujos. Compruebe quién ha coincidido en el mayor número de regalos y pase a **B**. Puede no realizar la puesta en común al final de la actividad y pedir a cada grupo que dibuje el regalo que han elegido en un papel. Detrás del papel escribirán el nombre del estudiante a quien va dirigido ese regalo. Después puede repartir los regalos y enseñarles la canción "Cumpleaños feliz".

8. UN BUEN AMBIENTE DE TRABAJO

Invitar a un compañero de trabajo a hacer una actividad. Aceptar y rechazar la invitación.

ANTES

Presente la situación y los cuatro personajes que aparecen en la actividad y pregunte a toda la clase cómo creen que es **Dulce**, **Rodolfo**, **Antón** y **Cruz**.

PROCEDIMIENTOS

A. Divida la clase en grupos de cuatro y deje que decidan quién va a representar el papel de cada uno de los personajes.

B. Deje tiempo para que, individualmente, piensen en cosas que les gustaría hacer con cada uno de los tres personajes, en qué lugar y en qué momento. Aconséjeles que tomen notas y proporcióneles ayuda léxica si es preciso.

C. Presente la actividad y pida algunos ejemplos de buenas excusas. Remítales a la muestra de lengua en rojo antes de que pasen a interactuar.

9. EN EL RESTAURANTE

Comprender las costumbres alimenticias de una persona a partir de una hoja informativa y hacer hipótesis sobre lo que va a tomar en un restaurante.

COSAS NUESTRAS

En la actividad aparece el menú del día de un restaurante. El menú es muy frecuente en muchísimos bares, restaurantes y casas de comidas españoles y resulta bastante económico por lo que muchos estudiantes y trabajadores suelen comer en estos lugares a diario. Los restaurantes generalmente sólo ofrecen el menú a mediodía (de 13.00 a 16.00 aprox.) y de lunes a viernes. Normalmente, por un precio fijo, el cliente puede elegir, de entre los platos que se ofrecen en el menú, un primer plato (o entrante), un segundo plato y un postre. La bebida y el pan están inlcuidos. También se puede comer "a la carta"; en este caso los precios son bastante más altos.

ANTES

Presente a los dos personajes y la situación y pida que lean las hojas informativas de cada uno. Cuando hayan terminado, haga alguna pregunta como **¿Quién es vegetariano? ¿Quién no puede comer huevos? ¿Quién no come espinacas?** ...

PROCEDIMIENTOS

A. Presente la situación y dígales que lean el menú y se expliquen el vocabulario que no conozcan. A continuación, haga que marquen con una **R** los platos que puede comer **Russell** y con una **J** los que puede comer **Judith**. Si no están seguros de los ingredientes de cada plato anímeles a preguntar a sus compañeros y a usted dando como modelo la muestra de lengua en rojo.

B. Anímeles a hacer hipótesis individualmente para que completen el cuadro con los platos que creen que van a elegir teniendo en cuenta las hojas informativas de los personajes.

C. Ponga la audición y pregunte quién tiene más aciertos.

Solución

Russell: *Toma sopa de pescado de primero, bistec con patatas de segundo y peras al vino de postre. Para beber tomará vino.*

Judith: *Toma ensalada variada con huevo duro de primero, espinacas con patatas de segundo (porque le permiten tomar dos primeros platos en lugar de un primero y un segundo) y flan con nata de postre. Beberá agua.*

SUGERENCIAS

Tomando como modelo la transcripción de la *Carpeta de audiciones* puede realizar un juego de roles imaginando que sus estudiantes se encuentran en el restaurante y que usted es el camarero (a no ser que tenga muchos estudiantes o que sean estudiantes de hostelería en cuyo caso también ellos podrían hacer de camareros). Puede utilizar el menú que aparece en la actividad o cualquier otro menú haciendo que se expliquen los platos desconocidos entre ellos o bien formulándole preguntas al camarero. Si usted da clase en algún país de habla hispana, intente utilizar copias de menús de diferentes restaurantes próximos al lugar donde tienen clase. Si sus clases se desarrollan en otro país, busque copias de algún restaurante español, mexicano, argentino, cubano... que haya en la ciudad. Tras finalizar el juego de roles, anímelos a que acudan a esos restaurantes para practicar lo que han aprendido en clase.

T UNA COMIDA DE EMPRESA

Elegir un lugar y un día para celebrar una comida de empresa.

COSAS NUESTRAS

En España es habitual que algunas empresas celebren comidas o cenas de motivación con sus empleados.

ANTES

Pregunte a sus estudiantes qué cosas puede hacer una empresa para motivar a sus empleados. Si ninguno de ellos mencionara una comida o una cena, dígalo usted mismo y pase a presentar la tarea final. Deje claro que su supuesta empresa se encuentra en el centro de Madrid.

PROCEDIMIENTOS

A. Divida la clase en grupos de cuatro y explique la actividad. Después lea la muestra de lengua en rojo en voz alta y marque en la pizarra:

Cocina tradicional + +	
Cocina internacional +	
Cocina exótica + + - +	

B. A continuación, invite a todos los grupos a realizar la actividad. Pídales que escriban las preferencias de su grupo teniendo en cuenta las notas que tomaron anteriormente.

C. Deje tiempo para que lean la información de cada restaurante y que se aclaren las dudas de léxico. Indíqueles a continuación que, en el mismo grupo, elijan un día y un lugar para celebrar la comida teniendo en cuenta las preferencias de cada uno de ellos.

SUGERENCIAS

Si le apetece, puede organizar una comida o cena con sus alumnos en un restaurante de la ciudad. Para ello, siga el mismo proceso de la tarea y, en lugar de **C**, entrégueles información de algunos de los restaurantes (españoles o latinoamericanos) que haya en la ciudad o cerca.

Productos y proyectos

En el Libro del alumno

T Nuestros alumnos van a desarrollar la idea de un nuevo producto y presentarlo en público. Para ello aprenderán a hablar de planes, hablar de lo que se está haciendo, comparar y describir objetos.

En el Cuaderno de ejercicios

1 Anuncios. Imperativo: 2ª persona del singular

2 Pronunciación: extranjerismos

3 El Gerundio

4 **Estar** + Gerundio

5 Descubrir quién es. **Estar** + Gerundio

6 Estaciones del año, meses y días de la semana

7 Marcadores temporales

8 **Ir a** + Infinitivo

9 Colores

10 Objetos. **Sirve para...**

11 Materiales: **de cristal, de madera, de metal y de plástico**

12 Vocabulario. Avances tecnológicos

13 Comparar: **más/menos... que, tan... como, el mismo, el más...**

14 Comparar tres coches

15 **Tan, tanto/a/os/as... como**

16 Valorar. **Lo más necesario/interesante/ difícil/divertido...**

17 **Seguro que, me imagino que, a lo mejor**

18 Expresar probabilidad. **Ir a** + Infinitivo

19 Una noticia. El Pronombre de Objeto Directo

20 **Lo/la/los/las**

21 Describir cosas. Pronombres de Objeto Directo

22 Un correo electrónico

PORTADA
Plantee un juego-adivinanza a la clase: diga que usted tiene una foto y que tienen que descubrir quién aparece en la foto, dónde está y qué hace. Sólo podrán formularle preguntas que tengan como respuesta **sí** o **no**. Como máximo, podrán hacerle 15 preguntas. Anime a que cada uno de sus estudiantes participe. La respuesta a la que deberían llegar sus estudiantes es la siguiente o una similar: **un hombre de negocios, en una sala de reuniones, hace una presentación** (o **un trabajador, en una oficina, habla de un proyecto**). Cuando hayan terminado, remítales a la foto y diga que se trata de la presentación de un producto. Escriba la palabra **PRODUCTOS** en la pizarra y déles un minuto de tiempo para que, individualmente, escriban léxico de productos: **un coche, un teléfono móvil, un detergente**... Finalmente, haga una puesta en común del vocabulario y presente la unidad.

1. PUBLICIDAD
Identificar el producto que aparece en un anuncio publicitario. Identificar de qué producto se habla en una conversación.

ANTES
Presente una transparencia con el siguiente vocabulario:

negro	la seguridad	comunicar	el sonido	blanco
azul multimedia	verde	el interior	rojo	oscuro	el diseño
marrón	crear	naranja	la línea	una comunicación
las prestaciones	claro	rosa	el consumo	una llamada	amarillo

Pídales a sus estudiantes que, en pequeños grupos, intenten agrupar esas palabras en estos cuatro campos semánticos: **COLORES, AUTOMÓVILES, INFORMÁTICA** y **TELEFONÍA.** Haga una puesta en común en la pizarra teniendo en cuenta que algunos de los vocablos pueden pertenecer a más de un campo semántico.

PROCEDIMIENTOS
A. Deje que observen atentamente los anuncios y después pregunte a toda la clase qué productos se anuncian.

Solución
Dos coches (un Aubi y un Lencia), dos teléfonos móviles (un Movimoom y un Fonosonic), unos ordenadores Rapple y un curso informático en CD-ROM.

B. Proceda a la audición con pausas y repítala, si es necesario. Puede pasar nuevamente la audición para que, en parejas, averigüen la razón o razones que motivaron a estos compradores a elegir el producto.

Solución
1. Lencia
2. Fonosonic
3. Windoors

SUGERENCIAS

Si usted cuenta con un grupo de alumnos que trabajan en el mundo de la publicidad, sería interesante que a lo largo de toda esta unidad trabajara el contenido gramatical del Imperativo, unido a la función de sugerir y animar a hacer algo. Es aconsejable presentar la forma del Imperativo poco a poco, es decir, presentar (en principio) tan sólo las formas afirmativas para **tú**, y en otra ocasión, una vez ya se hayan familiarizado con las formas de la 2ª persona del singular, presentar las formas afirmativas para **usted**. Más tarde se podrían presentar las formas del Imperativo negativo de **tú** y **usted**. Las formas para el plural se podrían dejar para más adelante (a no ser que sus estudiantes tengan la necesidad de emplearlas o conocerlas).

Para presentar el Imperativo se puede partir de varios anuncios auténticos que aparezcan en la prensa, la radio, Internet, televisión... pidiendo, en primer lugar, que identifiquen la forma verbal; en segundo lugar su Infinitivo correspondiente y, finalmente, conseguir que ellos mismos induzcan las reglas de formación del Imperativo. Trabaje, en un principio, con formas regulares. En otra ocasión presente anuncios con las formas irregulares. Aquí presentamos anuncios ficticios que pueden ayudarle en caso de que no encuentre estos anuncios:

Ven en coche.   Ven en tren.
          Ven en avión.
Ven con tus amigos.   Ven con tu familia.
          Ven con tu perro.
Ven tú solo...   Pero VEN.
          Ven a la Feria de Málaga

Si piensas que tu ordenador ya no piensa.
Sé prudente.
Sé inteligente.
Compra un PENTE.
ORDENADORES PENTE

TERCER MUNDO
¿No sabes qué hacer?
Haz algo bueno.
Hazte socio de INTERMUNDI

¡Ten cuidado!
Ten TIPEX a tu lado.
TIPEX
El corrector

Sal de la rutina. Sal del ruido.
Sal de tu ciudad y escápate a la montaña,
al campo, a la tranquilidad...
Acércate a VILLARRIBA

Di que te gusta.   Di que es genial.
Di que es estupendo.   Di que te sube la...
          Di que es tu mejor amigo.
          Dilo porque es verdad.
                    Whisky TIC

Ve al Amazonas, ve a Laponia,
ve a Australia, ve a Madagascar,
ve a Siberia...
pero siempre con LIBERIA.
LIBERIA, para ser libre en el cielo

El día importante está muy cerca y tú...
¡con esos pelos!
Pon tu cabeza en las manos de CHUNGUERAS
CHUNGUERAS,
Peluquerías profesionales

Para realizar otras actividades en Imperativo, ver las propuestas que se incluyen en el apartado SUGERENCIAS de las actividades 3, 5, 8 y tarea final.

La colocación de los pronombres de Objeto Indirecto y Directo podrían presentarse más adelante con otras muestras publicitarias.

2. PROYECTOS DE EMPRESA
Decir qué están haciendo en una empresa.

ANTES
Escriba en la pizarra los nombres de las empresas ficticias que aparecen en la actividad y pregunte de qué tipo de empresas creen que se trata.

PROCEDIMIENTOS
A. Deje tiempo para que observen bien los dibujos y los relacionen con su empresa correspondiente.

B. Plantee la actividad y explique las dudas léxicas que puedan surgir. Pídales que escriban la respuesta al lado de cada pregunta y que finalmente comparen sus respuestas con su compañero siguiendo el modelo de la muestra de lengua.

C. Realice la escucha de comprobación.

Al finalizar la actividad, pida a sus alumnos que subrayen las formas verbales que aparecen en las preguntas de **B.** Escriba en la pizarra: **ESTAR + GERUNDIO** y anímeles a que digan la forma del Gerundio para cada conjugación. A continuación diríjalos a la página 110 de la *Gramática*, pídales que se fijen en las formas irregulares y deje claro el uso de la perífrasis.

Solución
Wolkswagen está diseñando un nuevo modelo de coche y está preparando la presentación de un nuevo coche familiar.
Almatel está produciendo 180.000 teléfonos móviles al año y está desarrollando un proyecto de telecomunicaciones.
Reflon está ampliando su plantilla y está haciendo entrevistas para el departamento de publicidad.

3. PLANES DE FUTURO
Hablar de los posibles proyectos de una empresa.

ANTES
Lleve a la clase diferentes folletos informativos o publicitarios (por ejemplo: un folleto de una empresa que fabrique coches, un catálogo de lámparas, un programa de un festival de teatro...). Pregunte a sus alumnos **¿Por qué creéis que necesito esta información?** Escuche sus propuestas y dígales que las respuestas son: **Este mes voy a comprarme un coche, voy a comprarme una lámpara esta tarde, el viernes voy a ir al teatro.** Escriba las frases en la

pizarra. Pregunte si son frases que hablan del presente, del pasado o del futuro. Especifique y diga que son frases que hablan de planes o proyectos en el futuro. Pregunte cuáles son las formas verbales que aparecen y subráyelas a medida que se las vayan diciendo. Luego remítales a la página 110 y hágales ver la formación de la perífrasis.

Ahora puede pasar a la presentación de las estructuras para expresar probabilidad. Pídales que observen la fotografía nº 5 de la página 53 y pregunte **¿Qué está haciendo esta chica ahora/en este momento?** Sus alumnos responderán: **Está sacando dinero de un cajero.** Pregunte: **¿Y después (qué va a hacer)?** Las respuestas serán del estilo: **va a ir a cenar con unos amigos, va a comprar ropa, va a ir al cine con una amiga...** Lance la pregunta **¿Seguro?** y seguidamente dé modelos de respuesta introduciendo estructuras para expresar probabilidad: **a lo mejor va a ir a cenar con unos amigos, seguro que va a comprar ropa, me imagino que va a ir al cine con una amiga.** Al mismo tiempo que utiliza las expresiones de probabilidad utilice lenguaje no verbal de modo que puedan comprender qué acciones son más o menos probables para usted. Después de varios ejemplos, vaya a la página 111 de la *Gramática* y pregunte cuál expresa menor probabilidad (**a lo mejor**), pregunte luego cuál de las dos restantes expresa una probabilidad mayor (**seguro que**). Recuerde que **seguro que** no expresa seguridad.

PROCEDIMIENTOS
A. Plantee la situación y haga que observen y lean los folletos con detenimiento, dejando que se aclaren dudas de vocabulario. Déles tiempo para que piensen individualmente en diferentes posibilidades y para que tomen nota de ellas. Finalmente, pídales que lean la muestra de lengua antes de que pasen a hablar con su compañero.

B. Muestre cada una de las partes de la tabla indicando que tendrán que completarla después de oír las conversaciones. Proceda a la escucha con pausas entre conversación y conversación. Repita la audición, si es necesario, y haga una puesta en común.

Solución
1. *Van a ir a una Feria de electrónica del 9 al 15 de mayo. Van a ir a México porque quieren presentar la empresa en el mercado americano.*
2. *Van a comprar unos ordenadores en febrero en IBN porque tienen unas ofertas muy buenas.*
3. *Van a hacer un curso de inglés comercial este verano en Londres. Quieren mejorar el nivel de inglés del Departamento de Exportación.*
4. *Van a ofrecer un curso de formación para vendedores del 3 al 17 de julio en Barcelona porque tienen ocho personas nuevas que necesitan más formación.*
5. *Van a abrir una sucursal en Tenerife porque allí hay muy poca competencia.*
6. *Van a cambiar los coches de la empresa el próximo otoño en la fábrica Aubi de Zaragoza porque los coches que tienen ahora son muy viejos.*

SUGERENCIAS
Si usted cuenta con un grupo de alumnos que trabajan en el mundo de la publicidad, puede trabajar el Imperativo pidiendo que construyan un eslogan que vaya bien con cada uno de los folletos.

4. OBJETOS DE USO COMÚN
Identificar y describir objetos.

ANTES
Lleve a clase una bolsa con varios objetos y vaya sacándolos de uno en uno y agrupándolos según el material del que estén hechos: **metal**, **madera**, **plástico**, **papel**, **piel**, **cristal** y **tela**. Anime a sus estudiantes a que descubran el porqué de esa agrupación y, una vez lo hayan descubierto, proporcióneles el vocabulario de materiales. Seguidamente, sin señalar los objetos, defina alguno de ellos diciendo frases del tipo: **es de madera, sirve para...**, **es un objeto que...** hasta que descubran de qué se trata.

PROCEDIMIENTOS
A. Plantee la actividad y haga que sus alumnos observen individualmente las fotos y que, debajo de cada una, escriban sus propuestas. Proporcióneles la ayuda léxica necesaria. Luego permita que, en pequeños grupos, intercambien sus hipótesis.

B. Recuérdeles a sus estudiantes alguna de las definiciones que usted hizo antes de la actividad con el objeto correspondiente en la mano. Luego señale las definiciones que hay en el libro indicándoles que se trata de las descripciones de los objetos de las fotos. Pida que las lean individualmente, aclarándoles cuestiones léxicas, y que escriban al lado el número de foto correspondiente. A continuación haga que comprueben sus resultados en parejas y pase a la puesta en común.
Dibuje la siguiente tabla en la pizarra.

MATERIAL	CARACTERÍSTICAS	USO

Con toda la clase, vaya completándola con algunas de las frases que acaban de leer en las descripciones:

MATERIAL	CARACTERÍSTICAS	USO
Es de cristal	Es un objeto que se rompe fácilmente	Sirve para dar luz
Es de metal	Es una herramienta que se vende en	Sirve para ir elegante
Es de papel	ferreterías	Sirve para peinarse
Es de madera	Es un objeto pequeño que se puede llevar	Sirve para sentarse
Es de plástico	en el bolsillo	...
...	Tienen precios muy diferentes	
	Es un objeto pequeño muy práctico	
	...	

Al finalizar la tabla, remítalos al apartado *Describir un producto* de la página 111.

C. Plantee la actividad a sus estudiantes. Deje tiempo para que, una vez pensado el objeto, tomen notas de su descripción respondiendo a las preguntas **¿Cómo es? ¿De qué color es? ¿Para qué sirve?** y **¿Cuánto cuesta?** Proporcione siempre la ayuda léxica necesaria. Finalmente deje que lean la muestra de lengua en rojo y divida la clase en parejas para que procedan al intercambio comunicativo.

5. EL MEJOR PRODUCTO
Expresar las preferencias a la hora de elegir un coche. Elegir un tipo de coche.

COSAS NUESTRAS
SEAT (Sociedad Española de Automóviles Turismos), a pesar de contar con capital extranjero, es una empresa originariamente española. Anteriormente era una filial de la empresa italiana **FIAT**, pero llegó a constituirse como empresa española independiente. En 1986 la empresa alemana Volkswagen compró un 51% de Seat. Muchos de los modelos de SEAT tienen o han tenido nombres de topónimos españoles: SEAT Málaga, SEAT Ibiza, SEAT Toledo, SEAT Córdoba, SEAT Arosa, SEAT Marbella...

ANTES
Dibuje un coche en la pizarra y pregunte a sus alumnos qué marcas de coches conocen y qué nacionalidad tienen. Diga que usted tiene un coche, pero que tiene que comprarse otro. Comente que necesita pensarlo mucho y que no sabe qué factores son más relevantes a la hora de comprar un coche nuevo.

PROCEDIMIENTOS
A. Presente la actividad y la tabla con los diferentes factores. Aclare las dudas de vocabulario y deje que cada uno de sus alumnos numere los factores por orden de preferencia. A continuación muestre el modelo de lengua, divida la clase en grupos de tres y deje que descubran si tienen puntos en común o si tienen puntos de vista diferentes al adquirir un coche.

B. Señale los seis modelos de coche del libro y pregunte a sus alumnos qué tipo de información se da de esos automóviles (su precio, su tamaño, su potencia...). Seguidamente plantee la situación de la actividad indicando que, individualmente, elijan un solo coche para realizar las visitas comerciales a sus clientes. Pídales que razonen su decisión y que tomen notas de ello.

C. Pregunte a cada uno de sus alumnos qué coche ha elegido. Divida entonces la clase en pequeños grupos de estudiantes que han seleccionado coches diferentes. Plantee la situación, haga que lean la muestra de lengua y deje que expresen sus preferencias y que cada grupo seleccione un coche. Haga una puesta en común para ver qué coche ha tenido más éxito.

SUGERENCIAS
Si usted cuenta con un grupo de alumnos que trabajan en el mundo de la publicidad, puede trabajar el Imperativo animándoles a que piensen en un eslogan distinto para cada coche. Puede llevar anuncios de coches para que los usen como modelos y analicen las diferentes campañas publicitarias.

6. VIDA PROFESIONAL Y VIDA PRIVADA
Hablar de personas que tienen una relación con nosotros y de lo que creemos que están haciendo en el momento en que estamos hablando.

ANTES
Asegúrese de que sus alumnos conocen el funcionamiento de la estructura **estar + Gerundio** y que son capaces de crear formas en Gerundio a partir de verbos que conocen. Escriba en la pizarra la pregunta **¿Qué está/n haciendo?** y los siguientes números: **8, 18, 30, 40, 64, 76, 88, 100.** Explique que los números corresponden a las primeras páginas (con la foto de portada) de las unidades 1 a 4 y 6 a 9 del libro. Explique que van a intentar responder a la pregunta de la pizarra con las fotos de esas unidades. Si es necesario recuerde a sus estudiantes que pueden consultar la página 110. Escriba en una transparencia los siguientes verbos y frases para ayudar a sus estudiantes a que construyan las frases:

> Saludarse
> Reírse
> Trabajar en el ordenador
> Hablar con un cliente
> Hacer un programa
> Aprender a usar el ordenador
> Enseñar a sus estudiantes
> Escribir en su agenda
> Tomar nota de una cita
> Buscar un archivo
> Hablar por teléfono
> Tomar un café
> Presentar un producto
> Invitar a un cliente
> Escuchar al profesor
> Anotar un teléfono
> Mirar/leer un documento
> Leer un libro/una revista/un artículo
> Mirar unas fotos
> Preparar un examen
> Explicar algo a sus compañeros
> Hablar con su equipo

Deje tiempo para que, en parejas, escriban en su cuaderno al menos una respuesta para cada foto. Una vez que hayan terminado, invíteles a que digan sus frases a la clase omitiendo el número de la página para que sus compañeros busquen la foto a la que se refieren las frases.

Explique que a continuación van a hablar de personas que tienen relación con ellos mismos. Prepare pequeños papeles en blanco (seis por alumno). Llame la atención de sus estudiantes sobre el título de la actividad y los dibujos, y pregúnteles cuál hace referencia a la vida profesional y cuál a la privada.

PROCEDIMIENTOS

A. Deje unos minutos para que sus alumnos escriban dos o tres nombres en cada ámbito. Para que sea más motivador, insista en que piensen en personas que aprecian, quieren, que son cercanas a ellos. Usted puede hacer lo mismo en la pizarra y participar con ellos en la actividad.

B. Reparta a sus estudiantes tantos papeles en blanco como nombres de personas hayan escrito y explique que van a utilizar un papel para cada una de esas personas. Indique que deben escribir lo que creen que están haciendo esas personas en ese momento (teniendo en cuenta el día y la hora) y que pueden utilizar las formas que encuentran en la nota de la izquierda para indicar más o menos probabilidad: **seguro que, me imagino que, a lo mejor**. Recuérdeles que no deben escribir los nombres de esas personas en los papeles.

C. Una vez que hayan terminado, deje que formen parejas y pídales que entreguen los papeles a su compañero y que intercambien los libros. Explique que deben descubrir quién es cada persona, qué relación tiene con su compañero, qué hace y cuál es el papel que corresponde a cada uno de esos nombres. Invíteles a leer la muestra de lengua para que tengan un modelo del intercambio que puede producirse.

7. PLANES Y EXPERIENCIAS

Hablar de los proyectos o actividades que estamos desarrollando y de los planes que tenemos a corto plazo.

ANTES

Dibuje en la pizarra una nota y en el interior tres o cuatro guiones con alguna palabra clave que tenga relación con proyectos en los que está trabajando ahora y planes que usted tiene a corto plazo. Elija aspectos o temas que puedan ser de interés para sus estudiantes. Recoja en la pizarra las reacciones y preguntas de sus estudiantes.

PROCEDIMIENTOS

A. Pida a sus estudiantes que en unos minutos piensen en las cosas que están haciendo o que van a hacer en este mes (o en los próximos meses) y que las escriban en su cuaderno.

B. Forme parejas o pequeños grupos para que expliquen a sus compañeros sus notas y recuérdeles que pueden utilizar las reacciones que usted recogió en la pizarra u otras que conozcan.

8. ESPIONAJE INDUSTRIAL

Comprender la descripción de un nuevo producto y hacer propuestas para la creación de un producto competitivo.

ANTES

Asegúrese de que sus estudiantes conocen el vocabulario que va a aparecer en la audición. Para ello puede utilizar las ilustraciones que aparecen en la actividad. Pida a sus estudiantes que lean la instrucción de la actividad y luego haga una puesta en común para comprobar que han entendido la situación que plantea la actividad. Antes de pasar al apartado **A** y a la audición, pídales que lean las ocho preguntas y hagan hipótesis sobre las posibles respuestas.

PROCEDIMIENTOS

A. Explique que van a escuchar la grabación de esa reunión confidencial dos veces y que deben marcar en los dibujos la informaciónn que escuchen sobre **Pipse Pasión**. Puede pasar una primera audición y luego, en la segunda, hacer pausas dejando tiempo para que tomen nota tras estas frases: **...la nueva bebida con gas, ...el lanzamiento la próxima primavera, ...¡Cómo los chicles! ...en discotecas, universidades..., ...la vamos a distribuir sólo en Europa, En televisión y en radio**. Si sus estudiantes lo necesitan, puede repetir la audición.

B. En parejas van a comparar la información que han recogido sobre el producto. Si existen puntos en los que no están de acuerdo, puede pasar de nuevo la audición haciendo que focalicen su atención en ese punto. Finalmente, haga una breve puesta en común en el grupo clase.

Solución

1. *Verde clorofila*
2. *Con gas*
3. *En primavera*
4. *En discotecas y universidades*
5. *En la tele y en la radio*
6. *En toda Europa*
7. *Una lata*
8. *A jóvenes*

C. En parejas, o si lo prefiere en grupos de tres, deje tiempo para que imaginen un producto que pueda hacer la competencia a **Pipse Pasión**. Puede utilizar el ejemplo a modo de muestra para presentar el uso del Condicional del verbo **poder** para plantear propuestas, así como la página 110 de la *Gramática* de esta unidad.

SUGERENCIAS

Puede pedir que presenten a la clase sus productos y que, entre todos, decidan cuál tendría más éxito compitiendo con **Pipse Pasión**.

Si tiene un grupo de alumnos que trabajan en el mundo de la publicidad, puede trabajar el Imperativo animándoles a que piensen en un eslogan o un pequeño anuncio que anime al público a consumir la bebida.

9. FERIA DEL GOURMET

Ponerse de acuerdo con un compañero en cuándo puede atender cada uno el stand que tiene la empresa en una feria. Escribir un correo electrónico a un compañero para pedirle que atienda el stand de la empresa.

COSAS NUESTRAS

Los Premios Goya son unos premios anuales que otorga la Academia de Cine Española a las películas nacionales.

ANTES

Escriba en la pizarra el título de la actividad **Feria del Gourmet** y pida a sus estudiantes que digan de qué tipo de feria se trata y qué tipo de empresas creen que asistirán. Después escriba el nombre de la empresa que aparece en la actividad **Catering Heatburn** y pregunte qué tipo de empresa es. Presente la situación de la actividad y pida que formen parejas.

PROCEDIMIENTOS

A. Cada estudiante debe elegir un papel: **A** o **B**. Explique que en este apartado encontrarán una agenda desde el jueves 11 hasta el domingo 14, días de la feria y que deben completarla con la información que tienen para ver de qué tiempo disponen para atender el stand.

B. Explique que van a negociar con su compañero qué días y en qué momento pueden atender el stand para repartirse el trabajo y si necesitan la ayuda de otro compañero para sustituirles cuando ninguno de los dos pueda. Deje tiempo para que preparen sus frases: cuándo pueden y cuándo no pueden y por qué razón. Presente el ejemplo de este apartado y dé paso a la actividad. Compruebe que han llegado a un acuerdo en cuanto a los días que van a atender el stand y que han descubierto cuándo no puede atenderlo ninguno de los dos: **el viernes por la mañana**.

C. En este apartado encontrarán un esquema del correo electrónico que van a dirigir a un compañero para pedirle que atienda el stand el día que ellos no pueden. Pídales que lo completen en parejas y después anímeles a que intercambien los libros con otros compañeros para corregir los posibles errores.

SUGERENCIAS

Puede adaptar la actividad a la realidad de sus estudiantes cambiando el tipo de empresa y de feria y los compromisos que aparecen en su agenda.

T UN NUEVO PRODUCTO

Desarrollar un nuevo producto y presentarlo en público.

ANTES

Para ayudar a sus estudiantes a tener ideas para esta tarea puede empezar con una lluvia de vocabulario. Deje un minuto para que escriban en su cuaderno **nombres de productos de alta tecnología** y después haga una puesta en común escribiendo las palabras en la pizarra. A continuación, explique brevemente la tarea que van a realizar: en pequeños grupos van a crear y desarrollar un nuevo producto de alta tecnología, van a presentarlo al grupo y van a dar premios a los productos creados según sus características y ventajas.

PROCEDIMIENTOS

A. Deje que sus alumnos formen los grupos de tres y pase a este apartado. Pídales que piensen individualmente en un posible nuevo producto y en sus características. Ayúdeles en todas las dudas de vocabulario o de otro tipo que puedan tener. Anímeles a que hagan un dibujo esquemático del producto que están imaginando y a que tomen nota de las características y ventajas que ofrecería ese producto. Pueden utilizar el apartado *Describir un producto* de la página 111 para preparar su exposición. Explique que luego podrán utilizar esas notas para explicar a sus compañeros de grupo el producto que han imaginado.

B. Con ayuda de sus notas van a explicar cómo es el producto en el que han pensado individualmente y a responder a las preguntas de sus compañeros. Utilice la muestra de lengua para ejemplificar el tipo de intercambio que puede crearse en el grupo.

C. Una vez presentados los productos, tienen que valorar las ventajas de cada uno, compararlos y elegir el que quieren producir. Recuérdeles que en las páginas 110 y 111 encontrarán algunos de los recursos que pueden necesitar: *Hacer una propuesta, Comparar, Expresar probabilidad, Valorar* o *Añadir información.*

D. Una vez elegido el producto, preparan la ficha para el Departamento de Producción. Necesitarán tiempo suficiente para ponerse de acuerdo en cada uno de los puntos de la ficha y para preparar su presentación al resto de la clase (al resto del Departamento de Investigación y Desarrollo).

E. Explique que el departamento va a entregar cuatro premios simbólicos para reconocer las ventajas y originalidades de los productos que van a presentar, y que deben escuchar atentamente a sus compañeros para decidir qué premio merece cada producto. Cada grupo irá presentando el producto en el que están trabajando: cómo se va a llamar, cómo va a ser, para qué va a servir, de qué materiales va a ser, en qué colores se va a fabricar, qué tamaño va a tener, a qué tipo de público va destinado, qué precio va a tener y cuándo va a salir al mercado. Tras las presentaciones, cada grupo se reunirá para votar en secreto qué productos merecen alguno o algunos de los cuatro premios. Entregue cuatro papeletas con el nombre de cada premio escrito a cada grupo. Deben escribir el nombre del producto elegido por el grupo para cada premio. Recuérdeles que no pueden votar a su propio producto. Recoja las papeletas y utilice la pizarra para anotar los votos. Pase a la entrega de premios y felicite a los ganadores.

SUGERENCIAS
Si usted cuenta con un grupo de alumnos que trabajan en el mundo de la publicidad, puede trabajar el Imperativo pidiéndoles que preparen un eslogan atractivo. Habría entonces que realizar la votación para entregar un premio más: el premio a la mejor publicidad o al mejor eslogan (PREMIO PUBLICITAS, por ejemplo).

10

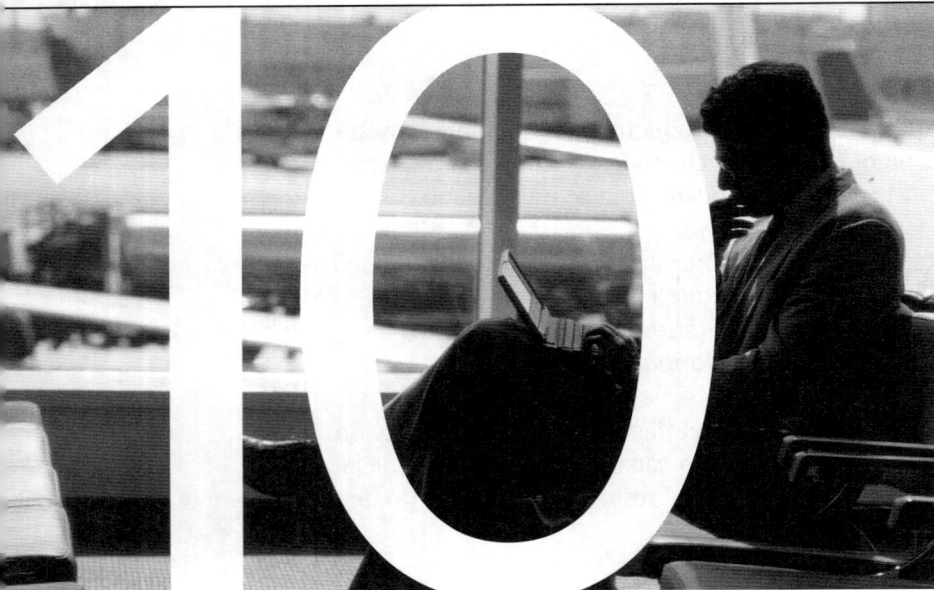

Claves del éxito

En el Libro del alumno

T Nuestros alumnos van a decidir cuáles son las medidas más urgentes que debe adoptar una empresa que está en crisis. Para ello aprenderán a hablar del pasado, a expresar obligación, a mostrar acuerdo y desacuerdo y a conectar ideas y argumentos (ordenarlos, contrastarlos, expresar causa y consecuencia).

En el Cuaderno de ejercicios

1. Clasificar verbos y sustantivos
2. Vocabulario
3. Información económica. Porcentajes
4. **Esta semana**. Acciones y acontecimientos. Pretérito perfecto
5. Participios
6. Adivinar qué ha hecho el compañero
7. Pretérito perfecto: conjugaciones
8. Expresar frecuencia: **nunca, una vez, dos veces..., algunas veces, muchas veces**
9. **Ya/Todavía no**
10. **Ya/Todavía no.** Pronombres de Objeto Directo: **lo, la, los, las**

11. Valorar un día o una actividad
12. Preguntar por la realización de una actividad
13. Pronunciación: unión de palabras en la frase
14. Folleto. Verbos con preposición
15. Expresar obligación: **tener que** + Infinitivo
16. **Hay que** + Infinitivo
17. Conectores
18. Expresar causa: **porque** y **debido a**
19. Conectores
20. Mostrar acuerdo y desacuerdo

PORTADA

Puede pedir que imaginen la identidad de la persona que aparece en la foto y la situación: por qué está en el aeropuerto y qué va a hacer. Agrupe a sus estudiantes en parejas y dé una información diferente a cada uno sobre lo que está haciendo en el momento en el que fue tomada la foto: **Está preparando una entrevista**, **Está redactando una noticia**, **Está haciendo un informe para su jefe**, etc. Deje tiempo para que preparen su texto y después invíteles a que cuenten a sus compañeros lo que han imaginado y la información inicial con la que contaban.

1. GRÁFICOS Y BALANCES

Familiarizarse con el vocabulario de los balances de una empresa y sus gráficos correspondientes. Asociar fragmentos de un balance con su gráfico.

ANTES

Para presentar el vocabulario que aparece en la actividad y ofrecer a sus estudiantes recursos para la interacción del apartado **A**, puede proponerles una actividad de asociación. Presente las ocho frases que aparecen en la tabla del apartado **A** como cosas que pueden pasar en una empresa por diferentes motivos. Pregunte si conocen el vocabulario y explique que antes de realizar la actividad van a trabajar con esas expresiones nuevas. Reparta un juego de tarjetas a cada pareja de estudiantes para que asocien una frase de la tabla de **A** con otra tarjeta que explica esa frase.

Incrementar la facturación	Vender más.
Reducir la plantilla	Despedir a algunos trabajadores.
Disminuir las ventas	Vender menos que en años anteriores.
Controlar los gastos	Gastar menos en diferentes aspectos, llevar un control del dinero...
Tener un balance positivo	Ganar más dinero del que se pierde o gasta...
Parar la producción	Dejar de producir durante un tiempo o indefinidamente...
Aumentar el beneficio	Tener más dinero, más beneficios, ganar más...
Cerrar una fábrica	Tener una grave crisis, despedir a todos los trabajadores...

Fomente que los estudiantes se pregunten entre ellos las dudas de vocabulario. Puede poner ejemplos, si los conoce, de empresas que estén en esa situación. Después, deje que comprueben que todas las parejas han llegado a la misma solución.

PROCEDIMIENTOS
A. Explique que, en parejas, van a clasificar las diferentes situaciones en positivas y negativas justificando por qué les parece una cosa u otra.

B. En este apartado deben asociar cada comentario con el gráfico que le corresponde. Pregúnteles si saben de qué tipo de empresas se trata, a qué sector pertenecen y qué tipo de información o qué aspecto recogen los gráficos. Una vez localizada la información, deje tiempo para que, individualmente, lean los comentarios y los asocien a los gráficos. Después, pueden comparar sus resultados con otros dos compañeros. Puede hacer una puesta en común preguntando qué información les ha ayudado a relacionar el texto con su gráfico y vaya tomando nota en la pizarra: **La producción de instrumentos musicales** <u>se ha mantenido</u> **en un 20%, La producción de juguetes** <u>ha aumentado</u>**, No** <u>ha parado</u> **su producción en agosto,** <u>Ha producido</u> **en un mes 27.000 vehículos, Ha reducido su plantilla en 212 empleados, El beneficio de la papelera** <u>se ha situado</u> **en el tercer trimestre en los 7,5 millones de euros.** Pregunte a la clase si la información de los textos y gráficos se refiere al pasado, al presente o al futuro. Después pídales que busquen a qué verbo (en Infinitivo) corresponden las formas subrayadas de la pizarra y escríbalos a continuación de la frase. Pida que busquen otras formas en pasado que puedan aparecer en los comentarios: **ha cambiado, ha trabajado, ha reducido, han aumentado**, y añada **ha tenido** y **ha vendido**. En grupos de tres, pídales que busquen una regla para la forma del pasado según las muestras de las que disponen. Finalmente indíqueles que en la página 122 de la *Gramática* (*Hablar del pasado: pretérito perfecto, Pretérito perfecto: usos* y *Participios*) pueden comprobar si su hipótesis es correcta.

<u>Solución</u>
1. ARTIMAX
2. CEAT
3. PALPARO S.A.
4. PAPELINAX

SUGERENCIAS
Puede utilizar las ocho primeras tarjetas de la preparación a la actividad para repasar el vocabulario. Pida a sus estudiantes que asocien unas tarjetas a otras según su relación. Por ejemplo, **Incrementar la facturación** y **Tener un balance positivo**.

2. CLAVES DEL ÉXITO
Hablar de las claves o características que debe tener un negocio para que tenga éxito y comparar con la opinión de una empresaria de éxito.

ANTES
Introduzca la palabra **éxito** y pregunte a sus estudiantes qué empresa, de las cuatro que han visto en la actividad 1, creen que ha tenido más éxito este año. Explique que vamos a hablar

del éxito de las nuevas empresas y de las claves para conseguirlo. Pida a sus estudiantes que en dos minutos piensen y luego escriban requisitos indispensables para tener éxito con una empresa de nueva creación. Escriba en la pizarra el inicio de la frase: **Para tener éxito con una nueva empresa <u>hay que</u>**... Explique que en español utilizamos esta forma para expresar la obligación, las condiciones o necesidades que tomamos como generales, en este caso para cualquier nueva empresa y no para una en concreto. Puede hacer referencia a la página 123 de esta unidad (*Expresar obligación*). Una vez pasado el tiempo, pregunte por las dificultades de vocabulario que hayan surgido. Presente la actividad 2 en la que aparece un artículo de una revista de negocios que trata este tema. Pida que busquen en el texto las claves para el éxito y que las lean para resolver los problemas de vocabulario que puedan existir.

PROCEDIMIENTOS

A. Deje tiempo para que señalen las tres acciones que les parecen más importantes, en orden, para alcanzar el éxito.

B. Explique que van a poner en común sus opiniones con otros compañeros y que deben descubrir en cuántas cosas están de acuerdo con ellos. Utilice el ejemplo para presentar la forma en la que pueden organizar su opinión: **primero...**, **luego...** y **por último...** Si su grupo no es muy numeroso, puede hacer que cada estudiante hable con el resto de sus compañeros y que entre todos lleguen a los tres puntos más valorados en la clase. Si su grupo es numeroso, puede dividirlo en dos o tres grupos más pequeños y pedirles también que recojan las tres claves más votadas.

C. Pregunte a sus alumnos si saben qué es **Novamás** e indíqueles que en el artículo de la revista pueden encontrar la respuesta. Van a escuchar una entrevista a **Marta Ventas** en la que explica las que son para ella las tres claves del éxito. Explique que deben tomar nota de sus claves en la tabla de este apartado en orden de importancia. Podrán escuchar la audición dos veces. Tras la primera escucha, haga que comparen las soluciones con un compañero y luego pase a la segunda escucha. Finalmente, haga una puesta en común para que comparen con las claves que ellos han seleccionado y para ver si coincide con la de algún grupo.

<u>Solución</u>
1. Conocer muy bien a los consumidores y el mercado.
2. Hacer una buena campaña de marketing.
3. Contar con buenos profesionales.

3. AGENDA DE HOY
Entender la agenda de una secretaria (las cosas que tiene que hacer). Comprender su conversación con el director y discriminar las cosas que ya ha hecho y las que todavía no ha hecho y por qué razón.

ANTES
Pida a sus estudiantes que hagan su agenda del día con detalle incluyendo las cosas que hacen normalmente y las que tienen que hacer ese día. Pídales que escriban los verbos en Infinitivo. Mientras ellos escriben, usted puede hacer lo mismo en la pizarra. Procure incluir en su lista diferentes acciones, desde las más o menos habituales como **jugar con mis hijos** hasta otras más puntuales como **preparar la clase de mañana**. Asegúrese de poner muestras de verbos de

las tres conjugaciones. Cuando hayan terminado, marque con una cruz las acciones que haya realizado hasta ese momento. Dibuje en la pizarra la tabla que aparece a continuación y dé varios ejemplos de las cosas que ya ha hecho y las cosas que tiene por hacer transformando los verbos en Pretérito Perfecto y colocándolos debajo de **ya** o **todavía no**, según corresponda.

YA...	TODAVÍA NO...
...he preparado la clase de mañana. ...he desayunado con José. ...he visto el programa del próximo curso. ...	...he jugado con mis hijos. ...he leído el periódico. ...he comido con mis padres. ...

Prepare una tabla como la anterior (en blanco) para repartir entre sus alumnos y que ellos puedan completarla con sus frases. Después, pídales que, en parejas, se cuenten su agenda del día y comenten las cosas que ya han hecho y las que todavía no han hecho, buscando cosas en común. Finalmente recoja las tablas de sus estudiantes que podrá utilizar al finalizar la actividad 4.

PROCEDIMIENTOS

A. Presente la agenda del día de **Mila**, la secretaria de una editorial, y pídales que comprueben con un compañero que entienden todo lo que Mila tiene que hacer hoy y que piensen qué instrumentos o acciones necesitará para realizarlas: **el ordenador, el teléfono** o **salir de la oficina**. Indíqueles que pueden seguir el ejemplo que aparece como muestra.

B. Explique que van a escuchar una conversación de Mila con su jefe a las 13:00 y que deben marcar en su agenda las cosas que la secretaria ya ha hecho. Avíseles de que van a escuchar la conversación dos veces. Si le parece conveniente, puede hacer pausas en la segunda escucha para que sus alumnos tengan tiempo de buscar la información que deben marcar en la agenda. Tras las dos escuchas, deje tiempo para que comprueben con un compañero que han resuelto la tarea sin problemas. Recuérdeles que deben utilizar los recursos que han aprendido (**ya** / **todavía no**) para corregir el ejercicio y la forma de la 3ª persona del singular del Pretérito Perfecto (puede utilizar la página 122). Si sus alumnos han tenido algún problema de comprensión, puede repetir la audición, pero antes pídales que hagan una puesta en común con el grupo.

Solución

Ya ha llamado a Javier Marías, ya ha organizado el viaje a Frankfurt, ya ha preparado la reunión de administración, ya ha ido al banco y ya ha recogido el paquete en Correos.
Todavía no ha metido los teléfonos en la base de datos ni ha enviado el correo electrónico a Klett, todavía no ha terminado el informe sobre Líber, todavía no ha reservado mesa en Casa Leopoldo ni ha encontrado profesor de ruso para el Sr. Sanchís.

C. En este apartado tendrán que descubrir por qué todavía no ha hecho algunas cosas de su agenda: **meter los teléfonos en la base de datos, enviar el correo electrónico a Klett, terminar el informe sobre Líber, reservar mesa en Casa Leopoldo, encontrar profesor de ruso para el Sr. Sanchís**. Antes de pasar a la escucha, pídales que, apoyándose en los dibujos, intenten hacer hipótesis para explicar por qué no ha hecho esas cosas. Puede utilizar el ejemplo para dar la primera idea. Pase a la audición haciendo pausas para que sus alumnos puedan tomar notas. Después, pídales que hablen con otros compañeros y haga una última escucha para verificar que han entendido correctamente.

Solución
Todavía no ha metido los teléfonos en la base de datos ni ha enviado el correo electrónico a Klett porque el ordenador no funciona bien. Todavía no ha terminado el informe sobre Líber porque no ha tenido tiempo. Todavía no ha reservado mesa en Casa Leopoldo porque está cerrado. Todavía no ha encontrado un profesor de ruso para el Sr. Sanchís porque en la escuela no cogen el teléfono.

SUGERENCIAS
Pida a sus estudiantes que revisen la agenda del día que han hecho antes, al comienzo de la actividad, y que expliquen a su compañero las razones por las que no han hecho algunas cosas, si es el caso.

4. ¿QUIÉN ES QUIÉN?
Hablar de las obligaciones o trabajos que ya han hecho otros.

ANTES
Asegúrese de que sus alumnos conocen los participios de los verbos que necesitarán para realizar esta actividad y que no tienen problemas ni para formar el Pretérito Perfecto en 3ª persona ni en la comprensión del vocabulario. Exponga la situación de esta actividad; los directivos de una empresa están preparando la reunión del lunes y para hacerlo tienen que:

Estudiar el proyecto de reformas.
Ver las propuestas de los años anteriores.
Hacer el plan de trabajo.
Repasar el documento «Futuras Adquisiciones».
Redactar la nueva propuesta.
Escribir el informe de este año.

Puede llevarlo preparado en una transparencia o escribirlo en la pizarra. Asegúrese de que entienden las frases. Continúe presentando la situación: **Hoy es jueves por la tarde, están preparando la reunión del lunes y hay cosas que todavía no han hecho.** Proponga a sus estudiantes formar grupos de cuatro y que cada uno se encargue de buscar las cosas que tiene que hacer cada uno de los directivos el viernes. En el grupo deben descubrir las coincidencias en las agendas de estos personajes. Plantee un pequeño concurso en el que ganará el grupo que consiga completar estas frases correctamente en el menor tiempo posible:

1. **El Jefe de Planificación y el Jefe de Proyectos tienen que...**
2. **El Jefe de Planificiación y el Jefe de Investigación y Desarrollo tienen que...**
3. **La Jefa de Formación y el Jefe de Proyectos tienen que...**
4. **La Jefa de Formación y el Jefe de Investigación y Desarrollo tienen que...**

<u>Solución</u>
1. ... *estudiar el proyecto de reformas.*
2. ... *escribir el informe de este año.*
3. ... *redactar la nueva propuesta.*
4. ... *repasar el documento «Futuras Adquisiciones».*

PROCEDIMIENTOS
La actividad propone un juego en parejas en el que deben hablar de las cosas que ya ha hecho o que todavía no ha hecho cada uno de los directivos sin nombrar el cargo para que el compañero descubra de quién se trata. Utilice el ejemplo como muestra del funcionamiento del juego y recuérdeles que el compañero que piensa en uno de esos personajes sólo puede contestar sí o no.

SUGERENCIAS
Al final de esta actividad, y si ha trabajado en la misma sesión esta actividad y la anterior, puede utilizar la tabla (**ya / todavía no**) que sus alumnos completaron al empezar la actividad 3. Asegúrese de que no hay errores en el ejercicio de sus alumnos y repártalos comprobando que tienen la tabla de un compañero. Invíteles a levantarse y moverse por la clase para buscar al autor de las frases. Dé algunos ejemplos insistiendo en la forma de 2ª persona del singular del Pretérito Perfecto y en el uso de los pronombres:

◇ ¿Has preparado <u>la reunión</u> del lunes?
★ Sí, ya <u>la</u> he preparado.

◇ ¿Has enviado <u>un correo electrónico</u> a un cliente?
★ No, todavía no <u>lo</u> he enviado.

5. TU BALANCE PERSONAL
Hablar con un compañero de los planes y proyectos que ya hemos realizado y de los que nos quedan por realizar.

ANTES
Explique a sus estudiantes que van a hacer un pequeño viaje al pasado, diez años atrás por ejemplo. La cantidad de tiempo dependerá del grupo, las edades y la actividad que estén realizando en ese momento. Aproveche el conocimiento personal que tiene de sus alumnos para tomar esa decisión. Van a pensar en las cosas que entonces querían hacer, los planes que tenían tanto para su vida personal como profesional. Escriba en la pizarra cuatro o cinco cosas de su vida e incluya también en esta lista (en Infinitivo) proyectos, sueños que ya ha cumplido y otros que están por cumplir. La nota que aparece como ilustración a la derecha de esta actividad puede darle ideas. Para fomentar la motivación y la sorpresa, es importante que la información sea real y que incluya aspectos de su vida que sus alumnos desconocen.

PROCEDIMIENTOS
A. Pida a sus estudiantes que hagan ese viaje al pasado y que escriban en un pequeño papel algunos de esos proyectos incluyendo algunos ya realizados y otros que están realizando, o que están por realizar.

B. Invíteles a conocerle un poco más y a descubrir cuáles son las cosas que usted ya ha hecho y las que espera poder realizar en el futuro. Aproveche la situación para hablar de usted mismo. Para finalizar, pregúnteles si les parece que el balance de esos últimos diez años es positivo o negativo. A continuación, invíteles a que descubran más cosas de su compañero para conocerle más y averiguar si su balance de esos 10 años también es positivo.

SUGERENCIAS
Puede pedir a sus estudiantes que cuenten al grupo lo que han descubierto del compañero, lo que les ha llamado la atención, lo que comparten, lo que les ha parecido especial...

6. ¿QUÉ TAL EL DÍA?
Valorar las experiencias vividas durante el día o durante la semana.

COSAS NUESTRAS
Nótese que **María** y **Roberto** están en casa a las 21:00 porque, probablemente, su jornada laboral ha terminado a las 20:00 ó 20:30.

ANTES
Asegúrese de que sus estudiantes conocen el significado de **subir el sueldo a alguien**, **discutir con alguien**, **aprobar un proyecto** y de **felicitar a alguien**.

PROCEDIMIENTOS
A. Presente a los personajes de las fotos y pregunte quién creen que ha tenido un mal día. Deje tiempo para que relacionen cada frase con su foto correspondiente.

B. Ponga la audicion para que comprueben sus hipótesis y deje que comenten entre ellos por qué **María** y **Roberto** hacen valoraciones diferentes de su jornada de trabajo.

Solución
María ha trabajado demasiado, ha discutido con su jefe y no ha tenido tiempo para comer mientras que a Roberto le han subido el sueldo, han aprobado su proyecto, el jefe le ha felicitado y le ha invitado a comer.

C. Plantee la actividad y espere unos segundos para que cada uno de sus estudiantes repase su jornada o su semana y puedan hacer alguna pregunta de vocabulario. Haga que lean la muestra de lengua en rojo y, finalmente, de pie, deje que busquen por toda la clase a alguien que valore positivamente su día o semana y que explique el porqué de su valoración.

7. EXPERIENCIAS PROFESIONALES
Decir cuántas veces se han tenido algunas experiencias profesionales.

ANTES
Asegúrese de que sus estudiantes conocen el significado de las experiencias que aparecen en los recuadros de colores y de las expresiones de frecuencia que aparecen en el bloc de muestra.

PROCEDIMIENTOS

A. Deje tiempo para que cada uno de sus estudiantes escriba el número de veces que ha tenido esas experiencias.

B. Plantee la actividad y, una vez que cada alumno haya seleccionado cinco experiencias, hágales leer la muestra de lengua en rojo para pasar seguidamente a realizar el intercambio comunicativo.

C. Haga una puesta en común con toda la clase de las cosas más curiosas o sorprendentes.

8. INFORMES Y GRÁFICOS

Comentar los errores que hay en los gráficos de una empresa.

ANTES

Asegúrese de que sus alumnos conocen el significado de **trimestre**, **semestre**, **inversión**, **gasto**, **ventas**, **crisis** y **competidor**.

PROCEDIMIENTOS

A. Plantee la situación y anime a los estudiantes a que, individualmente, localicen el error de los gráficos. Proporcione ayuda léxica si es preciso.

B. Cuando ya toda la clase haya localizado, al menos, tres errores, pídales que lean los conectores de la nota inferior derecha. Pregúnteles cuál de ellos expresa causa y, a continuación, indíqueles que los otros cuatro se utilizan para contrastar ideas. Déles varios ejemplos contextualizados. Finalmente, hágales ver la muestra de lengua en rojo y pídales que comparen en parejas.

Solución

Caserasa ha invertido menos en su producto principal Micasera, en cambio, en el gráfico vemos que la inversión ha sido superior. Tele25 ha aumentado los gastos en el tercer trimestre, sin embargo, en el gráfico vemos que los gastos han disminuido en ese trimestre. Hotelsa ha aumentado su facturación en los últimos seis meses mientras que en el gráfico vemos que ha descendido. La producción de cemento ha bajado en el segundo semestre, pero en el gráfico vemos que ha aumentado. Aceites-Oil ha tenido menos exportaciones a partir de marzo, en cambio, en el gráfico vemos que las exportaciones han disminuido a partir de agosto.

9. ÉXITOS Y FRACASOS

Hablar del éxito y de la crisis de diferentes empresas. Buscar posibles soluciones para una empresa en crisis.

ANTES

Aclare el significado de las palabras **éxito** y **fracaso** referidas a una empresa.

PROCEDIMIENTOS

A. Presente la tabla y explique el léxico que considere necesario. Después, sus alumnos señalarán, individualmente, cuáles pueden ser causas de éxito y cuáles de fracaso para una empresa. Haga una puesta en común y pregunte por otras posibles causas de éxito o fracaso.

B. Agrupe a sus alumnos de cuatro en cuatro y pídales que piensen en diferentes empresas que están en crisis y que escriban sus nombres junto a la tumba. Del mismo modo, escribirán los nombres de empresas que han tenido éxito junto a la copa.

C. Divida ahora cada grupo en parejas para que piensen en las causas de la crisis o el éxito de las empresas anteriores. Posteriormente harán una puesta en común con el resto del grupo para ver si están de acuerdo.

D. Deje tiempo para que, individualmente, tomen notas sobre las posibles soluciones para las empresas que están en crisis. Proporcione ayuda léxica y, antes de que procedan a la puesta en común en su grupo, haga que lean la muestra de lengua en rojo.

T BUSCAR SOLUCIONES
Decidir las medidas más urgentes que debe adoptar una empresa en crisis.

COSAS NUESTRAS
Algunas compañías aéreas españolas son: Iberia, Aviaco, AirEuropa, Spanair, Viva Air...
Algunas compañías latinoamericanas son: AeroMéxico, Avianca, Viasa, Aerolíneas Argentinas, Cubana de Aviación, Air Santo Domingo...

ANTES
Pregunte a sus alumnos qué compañías aéreas españolas o latinoamericanas conocen. Si alguna vez han viajado con esas compañías, pídales que valoren sus experiencias. A continuación, presente la tarea que van a realizar e indique que la compañía **Europair** es una empresa imaginaria.

PROCEDIMIENTOS
A. Presente los gráficos de Europair. Dígales que reflejan el balance, los gastos y el número de pasajeros del último año. Deje que los interpreten individualmente para descubrir qué ha pasado en la compañía aérea y comentarlo posteriormente en grupos de tres.

B. Comente que se trata de tres recortes de prensa referentes a la crisis de **Europair** antes de que busquen en ellos las causas de esa crisis y las subrayen. Posteriormente, harán una puesta en común con sus otros dos compañeros.

C. Plantee la situación y deje suficiente tiempo para que discutan, lleguen a un acuerdo, tomen nota de sus opiniones y preparen su intervención posterior.

D. Con toda la clase realice la simulación de una reunión general de equipo de consultores. Cada equipo deberá expresar sus opiniones y, al final, entre todos, deberán ponerse de acuerdo en cuáles son las tres medidas más urgentes que tiene que adoptar Europair. Deberán anotarlas en el recuadro azul.

Agencias de viajes

En el Libro del alumno

T Nuestros alumnos van a elegir las ofertas de viaje más interesantes para un cliente. Para ello aprenderán a pedir cosas, expresar una condición, prever o anunciar cosas en el futuro, transmitir las palabras de otros, expresar urgencia.

En el Cuaderno de ejercicios

PORTADA

Puede comenzar haciendo el juego del ahorcado con la palabra **aeropuerto**. Posteriormente, muestre la foto y pídales que, en parejas, y con la ayuda del diccionario, hagan una lista de palabras relacionadas con un aeropuerto o con una agencia de viajes, por ejemplo: **billete, vuelo, embarcar, azafata, maleta, facturar, despegar, aterrizar...** Después, haga un puesta en común.

1. VACACIONES EN TENERIFE

Comprender una oferta de una agencia de viajes y comentar a quién puede interesarle. Discriminar los datos más relevantes de una reserva de viaje hecha por teléfono.

COSAS NUESTRAS

Las **Islas Canarias**, y en concreto **Tenerife**, son uno de los destinos turísticos más frecuentados de España, sobre todo durante el invierno, ya que gozan de un clima subtropical. Cabe destacar, sobre todo, sus playas y los paisajes desérticos y volcánicos. Su economía está basada, fundamentalmente, en el sector servicios y en el turismo, proveniente en gran parte de Alemania y Gran Bretaña.

ANTES

Pregunte a sus estudiantes si han estado alguna vez en Tenerife o en las Islas Canarias. En caso afirmativo, pregunte cuántas veces han estado, cuánto tiempo, qué hay... En caso negativo, pregunte qué saben de las Islas Canarias y dé la información del apartado COSAS NUESTRAS si sus estudiantes no la dan por sí solos.

PROCEDIMIENTOS

A. Presente la oferta de viaje a Tenerife y pida que la lean para buscar el vocabulario relacionado con los dibujos de la izquierda. Deje que se pregunten entre ellos las dudas de vocabulario y, si fuera necesario, proporciónales usted la ayuda léxica para que realicen la actividad individualmente. Finalmente, haga preguntas de comprobación del tipo: **¿Cuánto cuesta una habitación individual en pensión completa? ¿Y la doble sólo con desayuno? ¿Y cuánto cuesta sólo el billete de avión de ida y vuelta? ...**

Solución
1. Habitación individual
2. Habitación doble
3. AD (alojamiento y desayuno)
4. MP (media pensión)
5. PC (pensión completa)
6. Ida
7. Ida y vuelta

B. Presente a los cuatro personajes y la situación planteada. Deje tiempo para que lean la información referida a cada uno de ellos y para que, individualmente, piensen en los posibles interesados en el viaje a Tenerife teniendo en cuenta las condiciones de la oferta. Luego haga que comenten sus hipótesis en parejas.

Solución

Cualquiera de las tres soluciones podría ser válida, pero parece más lógico suponer que Eduardo es el más interesado. Marta no puede porque empieza sus vacaciones el jueves y el avión sólo sale los lunes y los miércoles.

C. Antes de explicar la nueva actividad, deje que escuchen unos segundos la conversación telefónica para descubrir cuál de los personajes anteriores hace la reserva. A continuación, presente la tabla indicando que deben completar esos datos una vez hayan escuchado la conversación telefónica. Antes de proceder a la escucha, anímelos a que intenten adivinar alguno de los datos que faltan. Luego, ponga la audición. Haga las pausas necesarias y deje tiempo para que completen la tabla.

Solución

	Ida	Vuelta
Día	*Miércoles 3*	*Miércoles 10*
Hora	*11:45*	*19:30*
Compañía aérea	*AirEspaña*	*AirEspaña*
Precio del vuelo	*224 euros*	
Alojamiento	*Habitación individual con desayuno incluido*	

SUGERENCIAS

Para realizar la actividad del apartado **A** puede utilizar material auténtico: recortes de periódico, folletos turísticos, ofertas de agencias... En ese caso, presente la oferta que aparece en el libro justo antes de realizar la actividad **B**.

2. AGENCIA DE VIAJES GLOBO-TOUR

Distinguir en una conversación si alguien puede hacer lo que otra persona le pide.

ANTES

Muestre el dibujo y pregunte dónde están esas personas. A continuación, pregunte quién creen que es el director de la agencia (el señor de la situación 3) y quiénes creen que no trabajan en la agencia de viajes Globo-Tour (la chica de la situación 1 es una cliente y el chico de la situación 2, aunque podría pertenecer a la empresa, es un mensajero).

PROCEDIMIENTOS

A. Presente la situación e indique que, en este momento, se están produciendo cinco conversaciones en las que alguien pide algo a otra persona. Las cinco peticiones aparecen a la derecha de los dibujos y, fijándose en ellos, deben determinar a cuál corresponde cada una de ellas.

B. Realice la escucha de comprobación.

Solución
3, 4, 1, 2, 5

C. A partir de la transcripción, y remitiéndoles a la página 134, presente la función *Pedir a otros*. Deje que sus estudiantes descubran las diferentes formas que aparecen para hacer peticiones (la perífrasis **poder** + Infinitivo y el Imperativo).

A continuación, hágales notar el uso cortés de la forma condicional del verbo **poder** (situación 4) frente al uso más neutro del Presente de Indicativo (situaciones 1 y 2).

Delimite bien el uso del Imperativo para pedir cosas a otros: o bien lo utilizamos cuando tenemos mucha confianza con la persona con la que hablamos (situación 5) o bien cuando pedimos algo a una persona que, jerárquicamente, se encuentra por debajo de nosotros (situación 3) como, por ejemplo, un director a una secretaria o un trabajador al chico de los recados.

Presente, asimismo, la forma del Imperativo, si sus alumnos no la conocen todavía. Sería aconsejable una presentación muy progresiva. Deberían presentarse las formas del Imperativo afirmativo relacionándolas con la función *Pedir a otros* y siempre debidamente contextualizadas en diversas situaciones de jerarquía o de confianza, dando diferentes ejemplos de uso, tanto de las formas de **tú** como de las formas de **usted**. Las formas del Imperativo negativo se presentarían más adelante.

Plantee la nueva actividad. Deberán determinar, a través de la respuesta que da la otra persona, si ésta va a hacer lo que le han pedido o no.

Solución
1. No (en este momento el ordenador no puede darle la información)
2. Cree que no (ya son las 12 menos 5)
3. Sí
4. Sí
5. Sí

TRANSPORTE URGENTE

mprender qué se le pide a una secretaria en un correo electrónico. Imaginar lo que ha dicho alguien a rtir de su discurso referido por otra persona.

ANTES
Escriba una agenda como la siguiente en la pizarra:

Lunes	Martes	Miércoles	Jueves	Viernes
REUNIÓN EN BARCELONA	REUNIÓN EN BARCELONA	REUNIÓN EN BARCELONA	REUNIÓN EN BARCELONA 19:00 Regreso a Madrid	08:30 Ver los programas de formación 10:00 Hablar con Charo

Indique que se trata de la agenda de Diego, el director de una empresa de transportes, para la próxima semana. Pregunte quién puede ser Charo: **su secretaria**.

PROCEDIMIENTOS

A. Plantee la situación e indique a sus estudiantes que, a partir del correo, escriban una lista con las tres cosas que tiene que hacer Charo. Después, haga una puesta en común y pregúnteles qué día va a llamar Diego a Charo: **el miércoles**.

Solución
1. *Fijar una reunión con el Ministerio de Transporte la primera semana de abril (mejor el lunes o el martes).*
2. *Preguntarle a Pedro, el jefe de Personal, cuándo empiezan a trabajar los nuevos comerciales.*
3. *Pedirle a Begoña, del Departamento de Formación, los programas de los cursos de este año.*

B. Indique a sus estudiantes que ya es miércoles, el día en el que Diego llama a Charo para ver cómo van las cosas. Muéstreles la conversación desordenada y pídales que la ordenen, individualmente, numerando cada caja del 1 al 6.

C. Realice la escucha para que comprueben si han ordenado la conversación correctamente. Si alguno de sus alumnos no la hubiera ordenado correctamente, proceda a una nueva audición.

Solución
1, 4, 2, 6, 3, 5

D. Aclare dudas léxicas y pregunte si Charo ha realizado todo lo que Diego le había pedido (recuerde las tres tareas que tenía que hacer la secretaria). Después, pida a sus estudiantes que subrayen, en el texto, las palabras que utiliza Charo para transmitir lo que le han dicho otras personas. Luego escriba sus palabras en la pizarra o muéstrelas con el retroproyector:

> Ya he hablado con los del Ministerio, con Enrique Punzano, y me ha dicho que no hay ningún problema y que podéis tener la reunión el martes 24 a las 10 de la mañana.
>
> He hablado con Pedro del Departamento de Personal. Me ha preguntado que cuándo comienza la campaña. Dice que no es necesario contratar a nadie antes de la promoción pero que necesita saber algo pronto.
>
> La he visto esta mañana. Me ha preguntado si necesitas para el viernes los programas de todos los cursos o sólo de algunos. Dice que ha tenido mucho trabajo esta semana...

Indique a sus alumnos que, a partir de las palabras de Charo, podemos imaginar cuáles han sido las palabras de Enrique Punzano, de Pedro y de Begoña. Deje claro que no se trata de reconstruir cuáles fueron las palabras textuales de esas personas, sino de imaginar una posibilidad, entre varias, de sus posibles mensajes. Muestre el ejemplo de Enrique Punzano que se da en el libro y añada otras posibilidades, como por ejemplo: **Puedes decirle que no pasa nada,** que podemos reunirnos el martes a las 10 o Por mi parte, de acuerdo. Dile que podemos tener la reunión el día 24 por la mañana, a las 10 en punto, etc. Anímeles a que imaginen las palabras de Pedro y de Begoña y que las escriban en sus recuadros correspondientes. Haga, por último, una puesta en común aceptando diferentes posibilidades.

Al finalizar pídales que observen qué verbos utiliza Charo para introducir las palabras de otras personas: **decir** y **preguntar** (**Me ha dicho... / Dice... / Me ha preguntado...**). Luego, muestre las estructuras que ha utilizado para transmitir los mensajes destacando los verbos introductores y sus conectores:

> Ya he hablado con los del Ministerio, con Enrique Punzano, y **me ha dicho que** no hay ningún problema y que podéis tener la reunión el martes 24 a las 10 de la mañana.
>
> He hablado con Pedro del Departamento de Personal. **Me ha preguntado que** cuándo comienza la campaña. **Dice que** no es necesario contratar a nadie antes de la promoción pero **que** necesita saber algo pronto.
>
> La he visto esta mañana. **Me ha preguntado si** necesitas para el viernes los programas de todos los cursos o sólo de algunos. **Dice que** ha tenido mucho trabajo esta semana...

Añada más ejemplos con algunas cosas que le hayan comentado sus alumnos u otras personas de su entorno, pero que puedan resultar interesantes a toda la clase, por ejemplo: **Olaf me ha dicho que el próximo viernes va a jugar un partido de fútbol.** A partir de los ejemplos del libro, y de los que usted haya dado, intente que induzcan la diferencia entre **Pregunta/Ha preguntado que...** y **Pregunta/Ha preguntado si...**

Por último, llévelos al apartado *Transmitir palabras de otros* en las páginas 134 y 135. Añada, si lo desea, otras posibilidades para transmitir las frases propuestas a fin de evitar que sus alumnos tengan una concepción estructural del discurso referido. Por ejemplo, para **No hay ningún problema, podemos tener la reunión el martes 24** podríamos decir **Me ha dicho que no hay ningún problema y que podéis tener la reunión el martes 24, Me ha dicho que sí podéis reuniros el 24, Me ha dicho que sí, que podéis veros el martes** o **Me ha dicho que no pasa nada, que el martes tenéis la reunión**, etc.

4. EL MAYORISTA
Pedir información sobre diferentes hoteles y hacer una reserva en uno de ellos.

ANTES
Recuerde con toda la clase las instalaciones y los servicios que puede tener un hotel.

PROCEDIMIENTOS
A. Presente la situación y divida la clase en dos grupos (mayoristas y propietarios de hotel) con el mismo número de alumnos cada uno. Explique a cada grupo qué tienen que hacer. Aclare las dudas de vocabulario, si es necesario. Deje claro que deben completar las fichas individualmente.

B. Plantee la actividad y, con ayuda de toda la clase, escriba en la pizarra las preguntas que van a necesitar: **¿Cuánto cuesta la habitación doble con desayuno/media pensión/pensión completa? ¿Tiene piscina/sauna/sala de reuniones...?** Haga que los mayoristas realicen la simulación, preguntando a cada propietario del hotel, para descubrir cuál es el que mejor se adapta a las necesidades de sus clientes. Cuando lo hayan decidido, muéstreles cómo hacer una reserva. Para ello puede utilizar la página 135 y la transcripción de la audición de la actividad 1 de esta unidad. Deje que cada mayorista complete el cuadro amarillo y haga su reserva en el hotel elegido.

SUGERENCIAS
A la hora de realizar la reserva puede pedir que simulen una conversación telefónica. Para ello haga que los estudiantes trabajen espalda con espalda.

5. DECLARACIONES DEL MINISTRO
Comprender qué condiciones tienen que darse para que se cumplan unas previsiones.

COSAS NUESTRAS
El turismo en España es una de las mayores fuentes de ingresos. Actualmente este sector es competencia del Ministerio de Industria, Comercio y Turismo.

ANTES
Muestre a sus alumnos la portada de la revista "Hotel" y pregunte quién aparece en ella. Pregunte también de qué creen que habla el ministro en la revista.

PROCEDIMIENTOS
A. Una vez planteada la situación, indique que en la columna de la izquierda están las condiciones para que se cumplan las previsiones de la columna de la derecha. Deje que relacionen, individualmente, cada condición con su correspondiente previsión proporcionando la ayuda léxica necesaria.

B. Ponga la audición para que comprueben si han relacionado las columnas correctamente. Si alguno de sus alumnos no lo hubiera hecho así, realice una segunda audición.

Solución
1 B, 2 F, 3 E, 4 C, 5 D, 6 A

Para finalizar pida a sus alumnos que subrayen las formas verbales que aparecen en las previsiones del ministro (**será, serán, alcanzará, deberán pagar, tendremos que estudiar, extenderemos**). Luego pregúnteles cuáles son los infinitivos correspondientes. Indique que el Futuro de Indicativo es una forma verbal utilizada para hablar de previsiones o predicciones. Con ayuda de estos y otros ejemplos contextualizados intente que descubran, por sí mismos, la formación del Futuro de Indicativo. Remítalos a la página 134 de la *Gramática* y preste especial atención a las formas irregulares.

6. MARTES 13 EN LA OFICINA
Pedir favores a un compañero de la oficina por teléfono y responder a esas peticiones afirmativa o negativamente justificándose.

COSAS NUESTRAS
Mientras que en muchos países el día de mala suerte para los supersticiosos es el viernes 13, en España es el martes 13.

ANTES
Recuerde a sus alumnos las estructuras para pedir un favor (¿**Puedes/podrías** + Infinitivo?) y responder a una petición. Para ello podrá utilizar la transcripción de los diálogos de la actividad 2, así como los recursos de los apartados *IMPERATIVO: tú o usted*, *Pedir a otros: PODER + infinitivo*, *Excusarse*, *Justificar una acción* y *Expresar urgencia* de las páginas 134 y 135.

Explique el significado del título de esta actividad. Lleve a la clase una transparencia en la que encontrarán diferentes actividades y situaciones. Pida a sus estudiantes que, en grupos, busquen las cosas que pueden pasar en un día de mala suerte como un martes 13. Aclare las dudas de vocabulario y luego haga una puesta en común. Sugiera a sus estudiantes que piensen en otras dificultades que pueden surgir en su lugar de trabajo o estudios.

> La recepcionista está enferma.
> La impresora no funciona.
> El ordenador está bloqueado; tiene un virus.
> Te han aumentado el sueldo.
> El jefe está de muy mal humor.
> Hay problemas con la línea telefónica.
> El jefe te ha felicitado por tu trabajo.
> Estás resfriado y tienes que ir al médico.
> Se ha terminado el papel y los sobres con membrete.
> Han aprobado tu proyecto.
> Se ha perdido la llave del archivo con la documentación de los clientes.

Por último, puede plantear una actividad en la que sus alumnos tengan que discriminar entre formas afirmativas y negativas de responder a una petición:

> No puedo hacerlo porque la llave del archivo se ha perdido.
> Tranquilo/a, yo se lo digo.
> Vale, muy bien, yo lo/a llamo.
> Voy a ver si puedo, pero creo que hoy no voy a tener tiempo.
> Lo siento, pero es que el ordenador no funciona.
> No te preocupes, yo lo hago.
> Vale, de acuerdo.
> Lo siento, pero es que no puedo salir de la oficina.

+	–
-	-
-	-
-	-
-	-

PROCEDIMIENTOS

Explique que van a trabajar en parejas A y B. Deje tiempo para que cada estudiante lea la situación que le corresponda y marque en la tabla sus elecciones. Puede pedirles que marquen un mínimo de situaciones, cuatro por ejemplo. Una vez que hayan determinado la situación, explique que el alumno A va a llamar por teléfono a la oficina al alumno B para pedirle que haga algunas cosas y que B va a responderle según su situación. Llame la atención de sus alumnos sobre el ejemplo que aparece como muestra al final de la actividad. Invíteles a que se sienten de espaldas al compañero para reproducir la situación de una conversación telefónica en la que no podemos ver al interlocutor. Dé comienzo a la actividad y cuando sus alumnos finalicen, pregunte cuántas cosas han conseguido que el alumno B haga y cuántas no va a poder hacer.

7. NOTICIAS

Entender una noticia de la radio, una carta informal y un mensaje de un contestador automático. Hacer hipótesis sobre lo que le ha pasado a una persona.

COSAS NUESTRAS

El programa de radio del que se habla en esta actividad no existe con ese nombre, pero sí existen, y han existido, en radio y televisión, diferentes programas de éxito en los que se tratan casos de personas desaparecidas y se pide ayuda a los oyentes o teleespectadores para encontrarlos.

El apellido Coplovez recuerda el nombre de una famosa familia de empresarios, los Koplovitz, cuyos miembros más famosos son las hermanas Alicia y Ester.

ANTES

Presente a la protagonista de la actividad, Alicia Coplovez, como la famosa empresaria de la multinacional Coplovez S.A. Explique que van a leer algunos titulares de prensa, en orden cronológico, que tienen relación con esta persona y su empresa y pídales que tomen nota de todo lo que descubran sobre la actualidad de la empresaria y de su empresa. Copie los titulares en la pizarra:

> **Alicia Coplovez y Pedro Tamarón celebraron su boda en la más estricta intimidad.**
>
> La multinacional COPLOVEZ S.A. anuncia la próxima compra de VIATUR.
>
> **Pedro Tamarón ha sido nombrado Presidente de COPLOVEZ S.A.**
>
> COPLOVEZ S.A. está atravesando uno de los peores momentos de su historia.
>
> **Alicia Coplovez ha desaparecido de su domicilio en circunstancias misteriosas.**
>
> La familia Coplovez, alarmada ante la desaparición de Alicia, cree que se trata de un secuestro.

En parejas hacen una puesta en común de lo que han descubierto: **está casada con Pedro Tamarón, que es presidente de la empresa, ha desaparecido de su casa, su familia cree que la han secuestrado, VIATUR va a integrarse a su empresa y COPLOVEZ S.A. está en crisis.**

PROCEDIMIENTOS

A. Explique que van a escuchar un fragmento de un programa de radio que habla de Alicia Coplovez y que, en una primera escucha, deben identificar cuál o cuáles de los titulares anteriores se corresponde con la noticia que se da en la radio. En una segunda escucha tomarán nota de la información que pueden recoger del programa de radio. Deje tiempo para que comparen en parejas la información recogida y finalmente haga una puesta en común con toda la clase.

B. Presente la carta que Alicia, la desaparecida, ha escrito a su hermana y pida a sus alumnos que la lean para descubrir la versión de la protagonista de la historia y responder a las siguientes preguntas:

¿Cómo está Alicia?
¿En qué situación personal y profesional se encuentra?
¿Qué piensa hacer?

Forme grupos de tres personas y deje tiempo para que comparen sus respuestas. A continuación, pídales que elijan una de las tres posibilidades (A, B o C) y que preparen argumentos para defender su teoría con ayuda de la información obtenida del programa de radio y de la carta. Si lo desea, puede sugerir que los alumnos de cada grupo (A, B o C) se reúnan para preparar su argumentación juntos. Una vez que lo hayan preparado, dé paso a la conversación y, cuando hayan finalizado, pregunte a cada grupo cuál de las tres teorías les parece más lógica y coherente.

C. Explique que van a escuchar el mensaje que Alicia ha dejado en el contestador de su hermana después de su desaparición para descubrir qué ha pasado realmente. Repita la audición, si es necesario.

SUGERENCIAS

Puede presentar la carta de Alicia rota en pedazos y explicar a sus estudiantes que así es como la ha encontrado la policía. Luego, pídales que la recompongan. Puede escribir el texto dejando espacios entre cada párrafo para que le resulte más fácil hacer los cortes de los fragmentos. Sería aconsejable hacer un máximo de seis fragmentos: encabezamiento, cuatro párrafos y despedida. Cuando terminen de ordenar la carta pueden comprobar si coincide con la carta que tienen en su libro.
También puede pedirles que imaginen que, en lugar de dejar un mensaje en el contestador, Alicia le escribe una postal a Ester. Invíteles a que la escriban ellos.

8. ¿QUÉ HARÁS SI...?
Hablar de nuestras reacciones cuando surgen contratiempos.

ANTES
Utilice la foto para presentar a la señora Canals y la situación que se plantea en el enunciado

de la actividad. Puesto que van a hacer previsiones en el futuro, asegúrese de que sus alumnos conocen la forma del Futuro de Indicativo presentada en la actividad 5 de esta unidad.

PROCEDIMIENTOS

Lea con sus alumnos los diferentes contratiempos que se presentan en la tabla marrón de la actividad para comprobar que no existen problemas de comprensión. Deje que sus alumnos formen parejas para preparar juntos las posibles soluciones a los contratiempos siguiendo la muestra que se da en el libro. Deje tiempo para que piensen en una respuesta a cada situación y ayúdeles en los problemas de vocabulario que puedan surgir. Cuando hayan terminado, haga una puesta en común para comparar las diferentes soluciones de las parejas y decidir cuáles son las más prácticas.

SUGERENCIAS

Puede pedir a sus estudiantes que planteen una situación habitual en su trabajo o en el lugar donde estudian y que enumeren algunos posibles contratiempos para buscar soluciones en grupos de dos o tres.

T PREPARAR UN VIAJE

Elegir las ofertas de viaje más interesantes para un cliente.

ANTES

Presente la situación con la que van a trabajar sus estudiantes. Trabajan en una agencia de viajes y van a seleccionar la oferta más interesante para un buen cliente de acuerdo con sus necesidades. Para acercarse al primer texto, un fax, puede proponer a sus alumnos que busquen rápidamente la respuesta a las siguientes preguntas: **¿Quién ha enviado el fax? ¿Qué pide en el fax? ¿Qué fecha tiene el fax? ¿Para qué fecha es lo que pide?**

PROCEDIMIENTOS

A. Pídales que, individualmente, lean la carta y completen la ficha de la agencia que aparece a la derecha. Después, pueden comparar su ficha con la de otro compañero.

B. Una vez que están claras y bien definidas las necesidades del cliente, buscan las ofertas que mejor se ajustan a las peticiones que se han hecho en el fax. Dé tiempo suficiente, unos cinco minutos, para que lean las cinco ofertas, prestando atención a las diferentes informaciones, y para que seleccionen las que cumplen las características que han recogido en sus fichas del apartado **A.** Después invíteles a que en parejas comparen sus valoraciones, las ventajas y los inconvenientes de las ofertas.

Solución
Hay que descartar:
La primera oferta (la de Avia-Tours con la compañía CLM) porque el hotel está a 30 minutos del centro.
La tercera oferta (la de Avia-Tours con la compañía Chesa) porque exige un mínimo de cuatro días de estancia.

La cuarta oferta (la de Viajes Ispania) porque el vuelo llega después de las 12.00.

Las ofertas que mejor se ajustan son las de la mayorista Bullmantur, aunque la de la compañía Iberair ofrece un hotel de cinco estrellas, el hotel Karlo, y es bastante más cara.

C. Explique que van a escuchar un mensaje en el contestador que tiene relación con estas ofertas y que deben tomar nota de si ha habido algún cambio que afecte a su decisión para los clientes del Instituto Quijano. Ponga la audición una primera vez para responder a la pregunta **¿Hay algún cambio en las ofertas? ¿En cuáles?** En una segunda audición, con pausas, van a responder a la pregunta **¿Qué cambios ha habido?** Haga dos pausas durante esta segunda audición, una tras **...porque por lo visto hay un cambio de horarios** y otra tras **...y no les quedan habitaciones individuales**. Deje que comprueben en parejas la respuesta a esa pregunta y haga una puesta en común, si es necesario. Finalmente pida que elijan la oferta que van a ofrecer a su cliente.

Solución
Hay cambios en las ofertas de Bullmantur. En la primera, el avión sale a las 8:00 en vez de a las 9:40. En la segunda, el Hotel Karlo no dispone de habitaciones individuales en esas fechas. La mejor oferta, por tanto, sería la de Bullmantur en el Hotel Bratislava con un precio de 500 euros.

D. Pídales que completen el correo electrónico ofreciendo la oferta a su cliente, explicando las características y pidiendo la confirmación lo antes posible. Cuando hayan terminado, puede pedirles que formen grupos de tres personas para corregir sus textos. Usted puede pasar entre los grupos para ayudarles en sus posibles dudas. Si lo prefiere, puede pedirles que escriban el correo en un papel y recogerlos para corregir los errores.

SUGERENCIAS
También puede formar parejas o grupos de tres para que escriban el correo electrónico en una transparencia y así poder corregirlos luego en la clase con ayuda del retroproyector.

Formación y experiencia

En el Libro del alumno

T Nuestros alumnos van a buscar un puesto de trabajo para un compañero de clase, adecuado a sus cualidades y a su formación. Para ello aprenderán a hablar de experiencias (personales y profesionales), de la vida y el currículum de una persona y de uno mismo, leer e interpretar cartas de presentación y anuncios de trabajo, hablar de cualidades personales y contar la historia de una empresa.

En el Cuaderno de ejercicios

PORTADA

Proyecte una transparencia en la que aparecerán las frases del recuadro. Sus alumnos tendrán que clasificarlas en dos columnas según crean que se refieren a la persona de la izquierda o a la de la derecha:

Nació en Barcelona hace cinco años.

Está buscando trabajo.

Dejó el trabajo para cuidar a su hija y ahora quiere volver a trabajar.

Estudió Informática en la Universidad de Barcelona.

Está desayunando.

Cuando **terminó** la carrera **encontró** trabajo en una importante empresa de comunicaciones en Barcelona, donde **trabajó** durante seis años.

Nació hace 36 años en Guinea Ecuatorial.

Estudia en un colegio bilingüe inglés-español en Madrid.

Ha vivido en Guinea, en Francia y en España.

Se casó hace 10 años.

Estudiará Informática en la Universidad de Madrid.

Le encanta jugar con sus amigos del colegio.

Hace tres años **se fue** a vivir a Madrid con su marido y su hija.

De pequeña **vivió** unos años en Francia.

Una vez que las hayan clasificado, pídales que las ordenen cronológicamente para construir la biografía de las personas de la foto. Aclare que las formas verbales en negrita son un nuevo pasado que van a aprender en esta unidad. Pídales que busquen el infinitivo correspondiente a esas formas (**nacer, dejar, estudiar, terminar, encontrar, trabajar, casarse, irse** y **vivir**) para que no tengan problemas de comprensión. Finalmente haga una puesta en común y deje que se pongan de acuerdo en el orden de las frases más conveniente para contar esas dos biografías. Presente el tema de la unidad: biografías, hablar de la formación, la experiencia y el currículum vitae.

<u>Solución</u>

NIÑA	MADRE
Nació en Barcelona hace siete años. Estudia en un colegio bilingüe inglés-español en Madrid. Le encanta jugar con sus amigos del colegio. Está desayunando. Estudiará Informática en la Universidad de Madrid.	Nació hace 36 años en Guinea Ecuatorial. De pequeña vivió unos años en Francia. Ha vivido en Guinea, en Francia y en España. Estudió Informática en la Universidad de Barcelona. Cuando terminó la carrera encontró trabajo en una importante empresa de comunicaciones en Barcelona, donde trabajó durante seis años. Se casó hace 10 años. Dejó el trabajo para cuidar a su hija y ahora quiere volver a trabajar. Hace cuatro años se fue a vivir a Madrid con su marido y su hija. Está buscando un trabajo.

1. RICOS Y FAMOSOS

Hablar de algunos hechos de la vida de personajes famosos y familiarizarse con la forma del Pretérito Indefinido.

ANTES

Entregue esta tabla (también puede proyectarla en una transparencia) y propóngales que unan con flechas cada personaje famoso con su frase correspondiente. Después deje que comprueben en parejas el resultado y haga una rápida puesta en común.

A. Nelson Mandela	**1.** Creó al Pato Donald.
B. A. G. Eiffel	**2.** Descubrió la radioactividad.
C. Marie Curie	**3.** Escribió Rome y Julieta.
D. W. Shakespeare	**4.** Construyó una famosa torre de hierro.
E. R. Amundsen	**5.** Fue el primero en llegar al Polo Sur.
F. Walt Disney	**6.** Acabó con el apartheid en Suráfrica.

<u>Solución</u>

1. *A6*   4. *D3*
2. *B4*   5. *E5*
3. *C2*   6. *F1*

PROCEDIMIENTOS

A. Pregunte a sus estudiantes si conocen a los cuatro famosos que aparecen en las fotos y deje que marquen el número de la foto que corresponde con cada nombre de la columna de la derecha. Invíteles a que, una vez hechas sus hipótesis, las comparen con dos compañeros y compartan todo lo que sepan de esos personajes, como en el ejemplo.

<u>Solución</u>
1. *Anita Roddick*
2. *Gianni Versace*
3. *Bill Gates*
4. *Coco Chanel*

B. Individualmente, leen las cuatro tarjetas e intentan completarlas con el nombre del personaje que corresponda. Pídales que comprueben sus respuestas en grupos de tres. Después, pídales que completen la siguiente tabla marcando las terminaciones de la tercera persona del singular del Pretérito Indefinido:

Verbos en –AR	Verbos en –ER	Verbos en –IR
CREAR:	NACER:	MORIR:
FUNDAR:	VENDER:	ABRIR:
DISEÑAR:	COMER:	VIVIR:

Lléveles a la página 144 de la *Gramática* para que comprueben si su respuesta es correcta.

Solución

En el orden que aparecen:
Gianni Versace, Bill Gates, Anita Roddick y Coco Chanel.

C. Utilice el ejemplo de este apartado para explicar a sus alumnos lo que van a hacer y pregunte si saben de qué personaje se trata. Cada alumno va a pensar en un personaje famoso y en algunos hechos de su vida. Deje tiempo para que sus alumnos preparen las frases que van a decir a sus compañeros, que tendrán que adivinar de qué personaje se trata.

SUGERENCIAS

Es importante que sus alumnos tomen conciencia desde el inicio de la importancia del acento en esta nueva forma verbal. Para ello, puede utilizar esta tabla en la que encontrará formas del mismo verbo en Presente (1ª persona del singular) y en Pretérito Indefinido (3ª persona del singular). Lea la primera columna marcando la sílaba más fuerte y pida a sus estudiantes que repitan a coro esa columna. Haga lo mismo después con la segunda columna. Una vez hecha la lectura, puede plantear una pequeña reflexión sobre las formas leídas y la importancia del acento.

Paso	Pasó
Participo	Participó
Bailo	Bailó
Contesto	Contestó
Canto	Cantó
Espero	Esperó
Hablo	Habló
Trabajo	Trabajó
Llamo	Llamó
Pregunto	Preguntó

Como repaso o calentamiento en otra sesión, puede proponer una variante del apartado **C** y pedir que hagan frases sobre diferentes famosos introduciendo datos falsos. Luego, el compañero tendrá que descubrir qué frases son verdaderas y cuáles son falsas. Por ejemplo: **Picasso nació en Francia** (Falsa).

2. CARTAS DE PRESENTACIÓN

Entender la información básica de un anuncio de trabajo y de unas cartas de presentación y elegir el mejor candidato.

COSAS NUESTRAS

En España es habitual, cuando se solicita un puesto de trabajo, adjuntar al currículum vitae una carta de presentación donde se expone brevemente la razón de enviar el CV, la referencia que tenemos de la empresa y la formación y experiencia que poseemos.

ANTES

Explique brevemente, y con ayuda de una tabla como la que aparece en el apartado **A**, en qué consiste su puesto de trabajo, sus **funciones** y los **requisitos** que usted ha cumplido para conseguir ese puesto. La tabla que le presentamos a continuación puede servirle de ayuda.

FUNCIONES	REQUISITOS
- Dar clase de español a los diferentes niveles del centro. - Preparación y corrección de exámenes y tests de nivel. - Creación de material didáctico. - Coordinación de equipos de profesores para la revisión de programas y materiales.	- Tener el español como lengua nativa. - Licenciatura en Filología Hispánica. - Experiencia mínima de tres años. - Conocer la lengua materna de los alumnos o tener conocimientos de inglés.

Asegúrese de que sus estudiantes entienden las palabras **funciones** y **requisitos** y pídales que completen la tabla con los datos de su actual puesto de trabajo o del puesto que les gustaría ocupar en un futuro próximo.

FUNCIONES	REQUISITOS

PROCEDIMIENTOS

A. Presente el anuncio con el que van a trabajar sus alumnos y pídales que, individualmente, completen la tabla de funciones y requisitos con ayuda del anuncio. Después, deje que lo comparen con otros compañeros y haga una breve puesta en común en clase.

Solución

FUNCIONES	REQUISITOS
- Ser responsable de la correspondencia, la agenda, los viajes y las presentaciones del director general de la empresa.	- Tener entre 30 y 40 años. - Tener ocho años de experiencia como secretaria (y dos como secretaria de dirección). - Tener conocimientos de Informática. - Tener conocimientos de inglés y francés. - Tener experiencia internacional.

B. Explique a sus estudiantes que la empresa ha recibido por el momento dos currículos acompañados de dos cartas de presentación. Pídales que las lean y que subrayen en el texto qué han hecho esas personas a lo largo de su vida profesional. Deje tiempo para que comparen sus resultados con los de un compañero y, si fuera necesario, haga una puesta en común.

Solución
Carta 1: *me licencié* en Ciencias Económicas, *empecé* a trabajar en Impor España S.A, *me trasladé* a Australia con la empresa, *volví* a España para trabajar en Export Internacional.

Carta 2: *terminé* mis estudios de secretariado, *me fui* a Canadá, *estuve* trabajando como secretaria durante dos años y medio, *volví* a Madrid, *trabajé* en una multinacional como secretaria bilingüe, *me incorporé* como secretaria de dirección a la empresa L'Areal.

C. Con la información seleccionada y teniendo en cuenta las fechas, deben completar el cuadro de este apartado. Cuando terminen, discutirán y valorarán, con otros dos compañeros, cuál de las dos candidatas les parece más apta para el puesto del anuncio. Por último, pídales que lo expongan al resto de la clase.

Solución

NOMBRE	FORMACIÓN	EXPERIENCIA	AÑOS	LUGAR
Mª José Mazo	Económicas 1991	Impor España S.A.	3	Madrid
		Impor España S.A.	3	Australia
		Export Internacional	2	Valencia
Susana Gil	Secretariado 1990	Secretaria	2,5	Canadá
		Secretaria bilingüe en una multinacional de telecomunicaciones	3	Madrid
		Secretaria de dirección de L'Areal	3	Bilbao

SUGERENCIAS
Puede escribir una carta de presentación con sus datos reales siguiendo como modelo una de las cartas del apartado **B** y presentarla a sus alumnos. Aproveche para detenerse en las terminaciones de la primera persona del singular del Indefinido de los verbos regulares y los irregulares más frecuentes. Después pídales que preparen la suya, pero sin escribir su nombre. Ayúdeles en sus posibles dudas y necesidades de vocabulario. Puede recogerlas y repartirlas en la clase de manera que cada estudiante tenga la carta de un compañero. Pídales que busquen entre sus compañeros al autor de la carta. Ayúdeles para que preparen las preguntas que necesiten hacer a sus compañeros haciendo referencia a la página 144, donde podrán encontrar la forma de la segunda persona del singular del Pretérito Indefinido.

3. PROCESO DE SELECCIÓN

Entender una conversación en la que se valoran las cualidades personales de dos candidatos para un puesto de trabajo y hablar de ellos para seleccionar al más apto.

ANTES

Escriba en la pizarra los adjetivos que aparecen en la muestra de vocabulario de la actividad y pregunte a sus estudiantes qué cualidades creen que debe tener un buen profesor. Usted los va subrayando a medida que son nombrados. Aclare las posibles dudas de vocabulario fomentando que sean los mismos alumnos quienes respondan. Presente la situación de la actividad y pídales que se pongan de acuerdo en qué cualidades son positivas y cuáles negativas para el puesto de animador.

PROCEDIMIENTOS

A. Explique que van a escuchar la conversación dos veces. Deben discriminar las cualidades, positivas y negativas, de cada candidato y tomar nota en el informe que corresponda. Después, deje que comparen los resultados con un compañero y haga una puesta en común.

Solución

Informe n° 47		Informe n° 84	
Candidato: Hugo Torroja Gil		Candidato: Mercedes Gómez Trujillo	
Cualidades personales		Cualidades personales	
+	–	+	–
trabajador dinámico	desorganizado	activa creativa buena presencia trato agradable flexible	

B. En parejas van a discutir quién creen que es el candidato que va a ser elegido para ese puesto. Después expondrán a la clase su conclusión.

C. Explique que van a escuchar el final de la conversación del apartado **A** para descubrir cuál es el candidato que han elegido finalmente y comprobar sus hipótesis.

4. PUESTOS DE TRABAJO

Hablar de las cualidades necesarias para desarrollar un determinado tipo de trabajo.

ANTES

Pida a sus alumnos una lluvia de vocabulario sobre el título de esta actividad invitando a sus alumnos a incluir sus puestos de trabajo actuales o los que les gustaría tener.

PROCEDIMIENTOS

Pregunte a sus alumnos si entienden los tres anuncios que aparecen en la actividad y aclare sus dudas. Dígales que, antes de realizar la actividad, van a trabajar con el vocabulario que luego necesitarán. Dibuje en la pizarra la siguiente tabla y pídales que, en parejas, la completen con el vocabulario que conozcan (recuérdeles que pueden añadir las palabras aprendidas en la actividad anterior).

SER	TENER	SABER
trabajador/a	paciencia carnet de conducir	escuchar idiomas (inglés, francés...)

Anímeles a que pidan el vocabulario que quieran conocer en español. Después de unos minutos, haga una puesta en común y añada las palabras de sus estudiantes a la tabla de la pizarra. Fomente que los estudiantes se expliquen entre ellos, y en español, las palabras que no entiendan utilizando ejemplos, definiciones, contrarios, etc. En parejas, deben ponerse de acuerdo en las cualidades que creen necesarias para los puestos de trabajo de los anuncios. Finalmente, pídales que hagan una puesta en común con otra pareja para descubrir en qué cualidades están de acuerdo.

SUGERENCIAS

Dé un trozo de papel a cada estudiante para que escriban su puesto de trabajo ideal. Repártalos entre sus alumnos de manera que cada uno tenga el papel de otro compañero y nunca el suyo. Pídales que escriban en ese papel al menos tres cualidades que crean importantes para desarrollar ese puesto de trabajo. Después, invíteles a buscar al compañero que ha descrito las cualidades de su puesto ideal para comentar si está de acuerdo con la descripción y si cree tener esas cualidades.

5. SOCIAS

Entender una biografía esquemática y hablar de los puntos comunes en dos currículos.

ANTES

Presente las fotos que aparecen en esta actividad y explique que son socias en un negocio. Lance estas preguntas para que hagan sus hipótesis: **¿Qué relación hay entre ellas? ¿Qué tipo de empresa tienen?** Dé un minuto para que pongan en común sus hipótesis en grupos de tres.

PROCEDIMIENTOS

Pida a sus estudiantes que lean la instrucción y el inicio del artículo para comprobar si sus hipótesis corresponden con la realidad. Explique en qué consiste la actividad. Deje tiempo para que lean las dos biografías y para que, en parejas, busquen las cinco cosas que tienen en común. En la página 144 encontrarán las formas de la tercera persona del plural del Pretérito Indefinido. Finalmente haga una puesta en común y escriba las cinco frases en la pizarra.

<u>Solución</u>
Las dos nacieron en Sevilla, las dos estudiaron BUP y COU en el Liceo Francés Monet en Sevilla, trabajaron juntas un año en la Fundación "Jóvenes Artistas", fundaron juntas la cadena de librerías "El Parnaso» y en 1998 recibieron un premio a la iniciativa empresarial.

6. EL AÑO PASADO
Preguntar por experiencias realizadas el año pasado y valorarlas.

ANTES
Pregunte a sus alumnos por experiencias que pudieran haber tenido el año pasado: **¿Empezaste a trabajar en IBM el año pasado? ¿Y qué tal (te fue)?** Después de algunas preguntas, muéstreles las expresiones para valorar que aparecen a la derecha. Seguidamente, presente el vocabulario de la tabla referido a experiencias profesionales.

PROCEDIMIENTOS
Plantee la actividad y haga que lean la muestra de lengua en rojo. A continuación, y antes de comenzar la actividad, deje que piensen en qué preguntas van a necesitar para completar la tabla. Haga una puesta en común. Luego, de pie, sus estudiantes irán preguntándose los unos a los otros para completar la tabla. Finalmente, haga una puesta en común de experiencias positivas.

SUGERENCIAS
Antes de comenzar la interacción, puede pedir que piensen en otras preguntas para sus compañeros, siempre referidas a experiencias del año pasado, como por ejemplo: **¿Trabajaste en otra empresa? ¿Hiciste un máster?** ...

7. CHUPA CHUPS
Comprender, en un reportaje, los hechos más relevantes de la historia de una empresa.

COSAS NUESTRAS
El reportaje es una adaptación de la información que la empresa española **Chupa Chups** tiene recogida en su página web.
Asturias es una de las comunidades autónomas españolas. Su capital es Oviedo y otra de sus ciudades es Gijón.
Salvador Dalí nació en 1904 en Figueres (Girona); fue uno de los máximos representantes de la pintura surrealista en el siglo XX. Estudió en la Escuela de Bellas Artes de Madrid. En esta ciudad vivió en la Residencia de Estudiantes, donde conoció al poeta Federico García Lorca y al director de cine Luis Buñuel. Fue en París donde conoció al grupo de artistas surrealistas. Sus obras, su imagen extravagante y su relación con su compañera sentimental Gala lo convirtieron en un personaje mundialmente conocido. Murió en 1989.

ANTES
Si está a su alcance, lleve a clase unos cuantos productos de **Chupa Chups** y pregunte a sus estudiantes si los conocen y si les gustan a ellos, o a sus hijos, si son consumidores habituales... Luego, pregunte si saben de dónde es la empresa **Chupa Chups**. Pregunte si saben algo más de la historia de esta empresa.

PROCEDIMIENTOS

A. Presente los dibujos indicando que se trata de fotogramas relacionados con la historia de **Chupa Chups**. Deje claro que los fotogramas están ordenados (de izquierda a derecha y de arriba abajo, incluidas las referencias temporales). Aclare que en un fotograma aparece el pintor Salvador Dalí y en otro un cosmonauta de la estación espacial MIR. Explique, asimismo, el significado de los referentes temporales que no comprendan sus alumnos. Tras estas aclaraciones, divida la clase en parejas. Pídales que, partiendo de los dibujos, escriban en un papel su versión de la historia de **Chupa Chups**. Proporcione el vocabulario que necesiten y vaya supervisando su producción escrita, especialmente el uso de referentes temporales, conectores y formas del Pretérito Indefinido.

B. Realice una primera escucha con pausas. Luego haga una puesta en común y repita la audición ya sin pausas.

Solución

Una posible solución es:

En 1957 un señor tuvo la idea de hacer un caramelo con palo. Al año siguiente Chupa Chups abrió su primera fábrica en Asturias. En 1967 abrió la primera filial fuera de España, en Perpignan (Francia) y, dos años después, Salvador Dalí creó el logotipo. En 1979 el número de ventas llegó a 10.000 millones de chupa chups y, nueve años más tarde, se dobló la cifra. En el año 1991 comenzó la producción en Rusia y los chupa chups llegaron al espacio para los cosmonautas de la estación MIR. En 1993 la empresa produjo chupa chups en China. Al cabo de cuatro años Chupa Chups ganó el "Premio a la Excelencia Empresarial".

SUGERENCIAS

Una vez realizada la actividad, si sus alumnos trabajan en diferentes empresas puede pedirles que preparen una breve historia de su empresa para contársela a su compañero. Ayúdeles con el vocabulario que desconozcan. Después, pídales que expliquen a la clase las cosas que les hayan llamado la atención.

Para presentar la actividad, complementarla, ampliarla... puede utilizar la página web de **Chupa Chups** donde encontrará información detallada sobre la empresa así como material gráfico.

8. EN TU TRABAJO O EN TUS ESTUDIOS

Hablar de cuándo fue la última vez que se hizo algo.

ANTES

Comente algunas de las cosas que hizo ayer, anteayer, hace dos días, la semana pasada, hace tres semanas... procurando que sean cosas que puedan resultar interesantes para sus alumnos. Luego hágales ver los referentes temporales que aparecen en la nota superior derecha, aclare dudas y remítalos a la página 144 de la *Gramática*. Pida que añadan algún referente más.

PROCEDIMIENTOS

A. Plantee la actividad y anímeles a que añadan otras frases relativas a experiencias profesionales o personales. Permita que se aclaren dudas de vocabulario entre ellos.

B. Escriba en la pizarra **¿Cuándo fue la última vez que...?** y anímeles a que repitan la estructura utilizando las frases anteriores con el verbo conjugado en la 2ª persona del singular. Haga que lean la muestra de lengua y divida la clase en parejas para que descubran quién ha tenido más experiencias positivas últimamente. Para ello recuérdeles que pueden valorar sus experiencias. Finalmente haga una puesta en común.

9. HECHOS IMPORTANTES DE TU VIDA
Discriminar en una conversación los hechos más importantes en la vida de una persona y en qué año se realizaron. Contar los datos más relevantes de una autobiografía y situarlos temporalmente.

COSAS NUESTRAS
El **Inter-Rail** es un billete de tren válido en numerosas compañías ferroviarias de diversos países europeos (entre ellas, la Red Nacional de Ferrocarriles Españoles, RENFE) que, por un precio muy asequible, permite a los jóvenes de estos países viajar durante un mes, sin límite de kilómetros, en los trenes de estas compañías. El "espacio Inter-Rail" también abarca países como Marruecos, Turquía...
La Rioja es una de las comunidades autónomas de España. Su capital es Logroño.
La interlocutora de Raquel es una amiga argentina y, por tanto, alterna los pronombres **tú** y **vos** así como las formas verbales características del voseo de modo que, en la audición se escuchará:

Vos (= tú) Sos (= eres)
Sos vos (= eres tú) Con vos (= contigo)

Asimismo, utilizará la 3ª persona del plural (**ustedes**) en lugar de las formas verbales de la 2ª persona del plural (**vosotros/as**) prácticamente inexistentes en el español de América: **se casaron** (= **os casasteis**).

ANTES
Haga una lluvia de vocabulario preguntando a la clase qué cosas son las más importantes en la vida de una persona. Intente que salga el siguiente vocabulario: **nacer, empezar la carrera, acabar la carrera, conocer a alguien, casarse con alguien.**

PROCEDIMIENTOS
A. Presente la situación y pídales que relacionen las fotos de Raquel con el vocabulario anterior. A continuación proceda a la audición de la cinta para que escriban, bajo cada foto, el año en que Raquel hizo esas cosas. Tenga en cuenta que la interlocutora de Raquel es argentina. Finalmente haga una puesta en común diciendo lo que hizo en cada año.

Solución
Nació en 1970. En 1988 empezó la carrera universitaria en Barcelona. En el 93 acabó la carrera. Un año después (en 1994) viajó por toda Europa con Inter-Rail. El mismo año conoció a Juan, con el que se casó en 1997.

B. Dibuje en la pizarra diferentes viñetas con los hechos más importantes de su vida (sería todavía más motivador si pudiera llevar fotos a la clase). Procure que los dibujos sean lo más simples posibles. Anime a sus estudiantes a que descubran a qué hecho corresponde cada dibujo y vaya comentando cuándo ocurrieron esos hechos. A continuación, plantéeles la actividad y reparta diferentes papeles o tarjetas en blanco del tamaño de una fotografía. Deje tiempo para que, con trazos simples, dibujen los hechos de su vida. Finalmente, divida la clase en parejas para que comenten sus biografías.

SUGERENCIAS
Como alternativa a los dibujos, puede pedir a sus alumnos que traigan fotos de su vida a la clase. Después de la interacción oral, haga fotocopias de las fotos, y pídales que las peguen en una hoja y que escriban debajo da cada foto el hecho importante de sus vidas que ilustran. Con todas las hojas puede formar el álbum biográfico del grupo.

T UN BUEN PUESTO DE TRABAJO PARA TU COMPAÑERO
Encontrar un buen puesto de trabajo adecuado a las cualidades y a la formación de un compañero.

ANTES
Lleve a la clase algunos recortes de prensa de ofertas de diversos empleos. Plantéeles cuál de ellos creen que sería más adecuado para usted si decidiera dejar la profesión de profesor de español. Una vez se hayan decidido por una o unas cuantas profesiones, pregúnteles por qué creen que usted podría desempeñar ese trabajo. Cuando se lo hayan explicado, presénteles la tarea que van a realizar.

PROCEDIMIENTOS
A. Plantee la actividad y déjeles el tiempo necesario para repasar su CV y para que escriban las tres fechas y los tres nombres. Cuando hayan terminado, divida la clase en parejas para que comenten lo que hicieron en esos lugares y fechas.

B. Pida a sus alumnos que completen la tabla con las que crean que son sus mejores aptitudes. Después, pídales que escriban las de su compañero. Al final, haga que, en parejas, comprueben si están de acuerdo.

C. Tomando como referente las cualidades que usted tiene, y que acaba de comentar con sus alumnos, dígales qué otras profesiones o actividades podría desempeñar usted, bajo su punto de vista. Luego plantéeles la actividad que tienen que realizar teniendo en cuenta toda la información que, hasta ahora, saben de su compañero. Una vez que cada uno haya decidido tres posibles puestos de trabajo, los estudiantes se explicarán por qué han pensado en esos tres puestos de trabajo y no en otros.

D. Para terminar dígales que seleccionen, de todos esos recortes, cuál sería la oferta de empleo que más se adapta al perfil de su compañero.

SUGERENCIAS
Puede llevar a la clase periódicos, otros recortes de prensa con ofertas que se adapten más a las características de sus alumnos o, incluso, invitarles a que busquen en Internet.

CLAVE DE SOLUCIONES DEL CUADERNO DE EJERCICIOS

1. En clase de español

2

1. escuchar
2. hablar
3. repetir
4. leer
5. escribir
6. preguntar

3

uno   dos   diez   nueve   once
   quince   seis   ocho   siete
doce   cinco   dieciséis   cuatro

4

1. apellido
2. taxi
3. farmacia
4. nacionalidad
5. pasaporte
6. gracias
7. metro
8. servicios
9. trabajo
10. silla

5

1. 13 A
2. 19 E
3. 4 E
4. 10 G
5. 8 F
6. 16 B
7. 20 H
8. 1 A
9. 4 C

6

A.

dos + uno x tres = **nueve**
nueve – cinco + diez = **catorce**
doce + ocho – cinco = **quince**
diez : cinco + quince = **diecisiete**
once + seis – cuatro = **trece**
dieciséis + cuatro : dos = **diez**

B.

trece – dos + ocho = diecinueve
veinte – **quince** + uno = seis
ocho : dos + **catorce** = dieciocho
dieciséis : dos + ocho = dieciséis
siete + **siete** + tres = diecisiete

7

Hotel Continental	976 214598
Hotel MiraSol	95 7300096
Hotel InterAmérica	94 2360024
Hotel Victoria	91 3400222
Hotel Murrieta	943 289099

8

Alumno A

una agenda

una hoja

un mapa

un radiocasete

un bolígrafo

un diccionario

un ordenador

Alumno B

un disquete

un maletín

un reloj

un cuaderno

un walkman

un archivador

un paraguas

9

A.

1. Céspedes	5. Zárate	9. Castillo
2. Zúñiga	6. Calderón	10. Quintana
3. Cifuentes	7. Mendoza	11. Cuerda
4. Quesada	8. Queralt	12. Cortés

B.

C/Z: Céspedes, Mendoza, Cifuentes, Zárate, Zúñiga.
C/QU: Quesada, Quintana, Queralt, Cortés, Cuerda,
Castillo, Calderón.

10

1. Es brasileño.	6. Es griego.
2. Son estadounidenses.	7. Es portuguesa.
3. Es italiana.	8. Son franceses.
4. Es japonesa.	9. Es ruso.
5. Es alemán.	10. Son venezolanos.

12

1. merci	**francés**
2. thank you	**inglés**
3. arigato gozaimasu	**japonés**
4. danke	**alemán**
5. tak	**danés**
6. obrigado	**portugués**
7. grazie	**italiano**
8. spasibo	**ruso**
9. shukran	**árabe**
10. dank je	**holandés**

13

1. d   **2.** a   **3.** b   **4.** c   **5.** f   **6.** e

14

1. Guatemala.	5. Bolivia.
2. Brasil.	6. Argentina.
3. Uruguay.	7. Venezuela.
4. Honduras.	8. México.

17

Posibles preguntas:

1. ¿"Hola" se escribe con hache?
2. ¿Cómo se dice "Boa tarde" en español?
3. ¿Qué significa "cambio"?
4. ¿"Cambio" se escribe con ce o con zeta?
5. ¿Cómo te llamas?
6. ¿Saskia es inglesa?

18

✧ ¿Su nombre, por favor?
★ Jansen Meuwis.
✧ ¿Perdón...?
★ Meuwis, Jansen Meuwis.
✧ ¿Cómo se escribe Jansen, por favor?
★ Con jota.
✧ ¿Y Meuwis, con be o con uve?
★ Con uve doble.
✧ Muy bien. Aquí tiene su llave, habitación 234.

19

1. ✧ Yo **me llamo** Marcelo. ¿Y **tú**?
   ★ **Yo**, Tarek.
2. ✧ Vosotros **sois** rusos, ¿verdad?
   ★ Sí, de Moscú.
3. ✧ ¿Su nombre, por favor?
   ★ **Me llamo** Marta Rico.
4. ✧ Y vosotros, ¿cómo **os llamáis**?
   ★ **Yo**, Javier.
   ○ Y **yo**, Pedro.
5. ✧ Por favor, ¿los señores Martín?
   ★ Sí, **somos** nosotros.
6. ✧ Usted **es** el señor Mateos, ¿verdad?
   ★ Sí, **soy** yo.
7. ✧ Yo **soy** mexicano, ¿y ustedes?
   ★ Nosotros **somos** chilenos.
8. ✧ Olga **es** española, ¿no?
   ★ No, **es** cubana.

20

1. cuaderno
2. cartera
3. agenda
4. puerta
5. diccionario
6. pizarra
7. archivador
8. teléfono
9. perchero

Objeto escondido: **ordenador**

2. Datos personales

1

A.

un restaurante

un hotel

un juzgado

un hospital

una empresa de mensajería

una escuela

una comisaría

un taxi

B.

1. camarero/a
2. recepcionista
3. abogado/a
4. médico/a
5. mensajero/a
6. profesor/a
7. policía
8. taxista

4

Posibles preguntas:

¿Cómo te llamas?	¿Cómo se llama?
Luis Arteaga.	
¿Qué haces?	¿Qué hace?
Soy arquitecto.	
¿Dónde trabajas?	¿Dónde trabaja?
En Construmac S.A.	
¿Cuantos años tienes?	¿Cuantos años tiene?
43.	
¿Dónde vives?	¿Dónde vive?
Paseo de la Paz, 25, 8º.	
¿Tu número de teléfono?	¿Su número de teléfono?
976 23 78 81.	

5

1. tú
2. usted
3. tú
4. usted
5. tú
6. usted
7. tú
8. usted
9. usted

6

1. cuarenta y nueve
2. veinticinco
3. ochenta y dos
4. treinta y cuatro
5. cincuenta y seis
6. veintidós
7. setenta y siete
8. veintinueve
9. noventa y uno
10. sesenta y ocho

7

1. Veinte, veintidós, **veinticuatro**, veintiséis, veintiocho.
2. Noventa, ochenta y ocho, **ochenta y seis**, ochenta y cuatro, ochenta y dos.
3. Veinte, treinta, **cuarenta**, cincuenta, sesenta.
4. Cuarenta y cinco, **cincuenta**, cincuenta y cinco, sesenta, sesenta y cinco.

5. Sesenta y tres, sesenta y seis, **sesenta y nueve,** setenta y dos.
6. Noventa, ochenta, **setenta,** sesenta, cincuenta.

8

15	contrato
30	memorándum
50	programa del curso de formación
45	dossier
2	factura
15	presupuesto

9

1. Son abogados.
2. Estudia Medicina.
3. ¿Es taxista?
4. ¿Trabaja en un supermercado?
5. Hace gimnasia.
6. ¿Trabaja en la televisión?
7. Vive en el segundo piso.
8. ¿Son vendedores?

10

A.
ESTUDIAR en la Universidad de Salamanca, Derecho, Económicas, Informática, idiomas, japonés.
HACER deporte, una pregunta, gimnasia, yoga.
TENER muchos amigos, correo electrónico, mucho trabajo, teléfono móvil, 35 años, coche, fax.

B.
Posible solución:

Elvira	**Felipe**
Soy economista	Soy estudiante
Tengo 35 años	Tengo 22 años
Trabajo en una multinacional	Tengo muchos amigos
Tengo teléfono móvil	Estudio empresariales
Tengo coche	Estudio inglés y francés
Tengo mucho trabajo	Estudio en la Universidad de Deusto
Hago yoga	Hago deporte

11

Datos personales

Nombre: Emilio
Apellidos: Romero Pacheco
Edad: 26
Dirección: Calle Princesa, 95
Ciudad: Barcelona
Profesión: Informático
Idiomas: Inglés y alemán
Lugar de nacimiento: Santander
Estado civil: soltero
Aficiones: Deporte, tocar la guitarra

13

1. uno	1º. primero
2. dos	**2º. segundo**
3. tres	**3º. tercero**
4. cuatro	**4º. cuarto**
5. cinco	**5º. quinto**
6. seis	6º. sexto
7. siete	**7º. séptimo**
8. ocho	8º. octavo
9. nueve	**9º. noveno**
10. diez	**10.º décimo**

14

1. Ésta es la **segunda** lección del Cuaderno de ejercicios.
2. La E es la **quinta** letra del alfabeto y la A la **primera.**
3. Después del sexto piso está el **séptimo,** y antes del décimo, el noveno.
4. Argentina es el **segundo** país más extenso de América Latina; el primero es Brasil.
5. El español es la **tercera** lengua más hablada del mundo después del inglés y del chino.

15

1. c   **2.** f   **3.** e   **4.** b
5. d   **6.** g   **7.** h   **8.** a

18

Posibles preguntas:
1. ¿Qué estudiáis?
2. ¿Dónde vivís?
3. ¿Tenéis fax o correo electrónico?
4. ¿Dónde trabajas?
5. ¿Dónde estudias?
6. ¿Dónde vives ahora?
7. ¿Cuántos años tenéis?
8. ¿Cómo os llamáis?
9. ¿Eres española?
10. ¿Cómo te llamas?

19

1.a   **2.**a   **3.**b   **4.**b   **5.**a   **6.**b

20

1. hotel
2. juzgado
3. mensajero
4. supermercado
5. abogado
6. camarero
7. azafata
8. librería
9. banco
10. taxista

3. El mundo de la empresa

1

A.
Nike: es estadounidense; es una marca de prendas deportivas.

Rolex: es suiza; es una marca de relojes.
BMW: es alemana; es una marca de coches.
Yamaha: es japonesa; es una marca de motos.
Levi's: es estadounidense; es una marca de ropa vaquera.
Ballantine's: es escocesa; es una marca de whisky.
Gauloises: es francesa; es una marca de cigarrillos.
Basi: es italiana; es una marca de ropa.
Chupa-Chups: es española; es una marca caramelos.
Philips: es holandesa; es una marca de electrodomésticos.

2

LLANAS: tengo, hacemos, produce, tiene, vives, compramos, diseña, moto, griego.
AGUDAS: exportar, vendéis, está, producir, exportáis, decidir, compráis, japonés, sucursal.

3

Machu Picchu está en Perú.
Las cataratas de Iguazú están en Argentina, Brasil y Paraguay.
La selva amazónica está en Brasil.
La isla de Pascua está en Chile.
El lago Tititaca está en Bolivia.
Cartagena de Indias está en Colombia.
La Pampa está en Argentina.
El Cristo del Corcovado está en Brasil.
Tierra del Fuego está en Argentina y Chile.

4

A.
teléfono, laboratorio, tecnología, hotel, petróleo, café, compañía, industria, academia, nacionalidad, ecología, supermercado, hospital, restaurante.

5

Nacionalidades
coreano/a
griego/a
brasileño/a
japonés/a
mexicano/a

Tipos de empresas
cadena de restaurantes
agencia de viajes
compañía de seguros escuela de negocios
empresa de alimentación
escuela de negocios

Actividades
producir
exportar
comprar
importar
fabricar

Productos
alimentos
coches
electrodomésticos
petróleo
ordenadores

6

PC-PROCESS es una empresa de productos informáticos.
HOTELPLUS es una cadena de hoteles.
SUPERPRIX es una cadena de supermercados.
EDICIONES PRESS es un grupo editorial.
VITASECUR es una compañía de seguros.
BANISKA es un banco.
INSTITUTO EMPRESARIAL es una escuela de negocios.

7

Imanol y Sara están en París.
Rita y Carolina están en Venecia.
Ana está en Nueva York.
Rosa y Vicente están en Estambul.
Carmen y Alberto están en Egipto.
Rafa está en Londres.
Pablo está en Praga.
Javier y Miguel están en Barcelona.

8

1. ¿Cuántos empleados tiene?
2. ¿Qué tipo de empresa es Sebago?

3. ¿Qué tipo de empresa es?
4. ¿En qué ciudad está la oficina principal?
5. ¿Qué significa "automovilística"?
6. ¿Cuántas sucursales tiene?
7. ¿Qué hace AEROJET?
8. ¿Cómo se llama tu escuela?
9. ¿De dónde es?
10. ¿Cuántas oficinas tiene en Barcelona?

9

A.
La empresa se llama INFOMUNDIAL. Fabrica programas informáticos de seguridad. Tiene 200 clientes. Tiene 50 empleados. Está en Barcelona, en la Avenida Diagonal.

B.
Posibles preguntas:
¿Cómo se llama su empresa?
¿Qué tipo de empresa es?
¿Qué hace?
¿Cuántos clientes tiene?
¿Cuántos empleados tiene?
¿Dónde está?

10

doscientos veinticinco hoteles.
cuatrocientas noventa y nueve sucursales.
quinientas treinta fábricas.
ciento quince bancos.
trescientos setenta y cinco ordenadores.
setecientos ochenta y cuatro aviones.
ochocientos cincuenta supermercados.
novecientos coches.
seiscientos cuarenta y dos hospitales.

11

yo	mi	mis
tú	tu	tus
él, ella, usted	su	sus
nosotros/as	nuestro/a	nuestros/as
vosotros/as	vuestro/a	vuestros/as
ellos, ellas, ustedes	su	sus

12

A.

	masculino singular	masculino plural	femenino singular	femenino plural
yo		mis productos	mi empresa	
tú	tu sector	tus socios		
él, ella, usted		sus fotos*	su marca*	
nosotros/as		·	nuestra tienda	nuestras sucursales
vosotros/as				vuestras oficinas
ellos, ellas, ustedes				

* También en la tercera persona del plural (ellos, ellas, ustedes).

13

Trabajamos en Motorosa. **Nuestra** empresa fabrica piezas de recambio para coches.
¿Dónde está **vuestro** coche?
Señor Malpesa, ¿cuántos empleados tiene **su** empresa?
Maribel, ¿cómo se llama **tu** compañero de trabajo?
Mi cámara es una Lekia.
¿Tienes la ficha de Joaquín Pérez? Necesito **sus** datos personales

14

CHANCLA	1. F	2. F	3. F
BIONATUR	1. F	2. V	3. V
TESA	1. V	2. V	3. F

15

MUNDI*Turismo*
• Es un holding internacional líder en el sector del **turismo.**
• Tiene 5 **cadenas de hoteles,** 1 **compañía aérea,** 10 agencias de alquiler de coches y 1 **escuela de traductores.**
• Sus **4000** empleados trabajan en sucursales de **todo el mundo** para ofrecer el mejor servicio a sus clientes.

16

1. nosotros	6. yo
2. ellos/as, ustedes	7. yo
3. tú	8. vosotros/as
4. ellos/as, ustedes	9. tú
5. vosotros/as	10. vosotros/as

17

Posibles frases:
Microsoft es una compañía americana. Es una empresa líder en el sector de la informática.
Nokia es una empresa europea que vende teléfonos móviles.
Suzuki es una compañía japonesa que fabrica automóviles.
Philips es una empresa europea de aparatos de sonido y vídeo y tiene sucursales en Latinoamérica.

19

Posible solución:
Mi empresa se llama MONETIC. Es una empresa española de informática que fabrica cajeros automáticos.
Tiene 45 empleados y una oficina, que está en Palma de Mallorca, en la Avenida de Roma, 25. Nuestros clientes son bancos de Francia, Grecia, Venezuela y Emiratos Árabes Unidos.

20

A.
1. firma	4. clientes
2. trabajadores	5. plantilla
3. fábrica	6. confeccionar

B.
Posible solución:
Géneros de Punto Ferrys compra Fabrilmalla. Las dos empresas confeccionan ropa interior masculina y femenina. La marca comercial de Géneros de Punto Ferrys es Ferrys, la de Fabrilmalla se llama JimMiss. Sus productos van dirigidos a clientes diferentes. Ferrys ofrece precios más baratos. Fabrilmalla ofrece mejor diseño.

21

agencia, sector, sucursal, fábrica, producto, marca,oficina, compañía

COMPRUEBA
TUS CONOCIMIENTOS **1** **2** **3**

1

1. c	5. c	9. c	13. d	17. c
2. b	6. b	10. c	14. c	18. a
3. b	7. c	11. c	15. c	19. c
4. c	8. c	12. b	16. c	20. c

2

1. F	2. V	3. F	4. F	5. V

3

DATOS DEL SOLICITANTE

Nombre Ana Comas Torres
Edad 27   **Estado civil** Soltera
Dirección Calle París, 15, Barcelona
Profesión Recepcionista

4

Posible solución:

Supernet es una empresa española del sector de la informática que fabrica ordenadores personales. La oficina principal está en Bilbao, en la Avda. Bergaran 189. Tiene sucursales en Madrid, Barcelona, Zaragoza y Valencia y una plantilla de 150 empleados. Sus clientes son escuelas y universidades.

4. Le presento al director general

1

1. trabajador/a
2. optimista
3. raro/a
4. pesimista
5. sociable

6. vago/a
7. divertido/a
8. puntual
9. aburrido/a
10. callado/a

2

Ana es **simpática, guapa, amable, competente** y **trabajadora**.

5

A.

B.
1. El marido de Clara
2. La hija de Enrique y Clara
3. El hijo de Enrique y Clara
4. La mujer de Quique
5. Los abuelos de Kiko y Eulalia
6. Los nietos de Enrique y Clara

C.

de él, de ella	de ellos, de ellas
su coche su carta	su coche su carta
sus coches sus cartas	sus coches sus cartas

D.
1. No, Clara es su madre.
2. Sí.
3. No, son los hijos de Quique.
4. No, Clara y Enrique son sus abuelos.
5. No, María es la hermana de Quique.
6. No, Ana es su mujer.
7. No, Eulalia es su hermana.
8. No, Quique y María son sus hijos.

6

A.

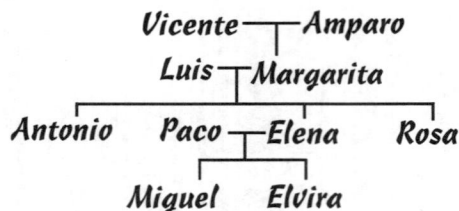

7

1. b	3. e	5. d	7. a
2. c	4. h	6. f	8. g

9

Posibles respuestas:
1. ¡Hola! Buenas tardes.
2. Adiós. Hasta mañana.
3. Adiós. Buenos días.
4. ¡Hola! Buenos días.
5. Adiós. Hasta mañana.
6. Buenas tardes.

10

A.
– responsable
– jefa
– jefe
– Contabilidad
– financiero
– Personal

B.
Posible solución:
1. Buenos días. ¿El señor Salas, por favor?
2. Hola. Buenas tardes. ¿El señor Semper, por favor?
3. Buenas tardes. ¿El señor Maceiras, por favor?
4. Hola. Buenos días. ¿La señora Guzmán, por favor?

11

1. el	5. el, la, las, la
2. un	6. una, un, el
3. la	7. el
4. los	8. unas

12

tú	vosotros	usted	ustedes
te presento	os presento	le presento	les presento

13

1. (Tú) Es la hija de Miguel.
2. (Vosotros) Es un compañero de trabajo.
3. (Usted) Es el marido de Carmen.
4. (Usted) Son los abogados de la empresa.
5. (Tú) Son unas amigas.
6. (Ustedes) Es el responsable de Marketing.

14

A.

Nombre: *Enrique*
Apellidos: *Molina Escobar*
Edad: *58*
Cargo anterior: *director general adjunto*
Cargo actual: *director general de la División de Papel de Ecopapel*

Nombre: *Juan*
Apellidos: *Díaz Delgado*
Edad: *55*
Cargo anterior: *director general de Yamaha Motor España*
Cargo actual: *presidente de Yamaha Motor España*

Nombre: *Luisa*
Apellidos: *del Río Montoro*
Edad: - - -
Cargo anterior: *directora de Recursos Humanos de AXA*
Cargo actual: *directora de Recursos Humanos de Argentaria*

15

Posibles reacciones:

1. ¡Hasta mañana!
2. Buenas noches.
3. Hola. ¿Qué tal?
4. ¡Adiós!
5. Encantado.
6. ¿Qué tal? ¿Cómo estás?
7. Encantado.
8. ¡Hasta luego!

17

EN ESPAÑA

1. usted
2. usted
3. usted
4. tú
5. usted
6. tú
7. tú (usted)
8. tú
9. tú (usted)
10. usted

19

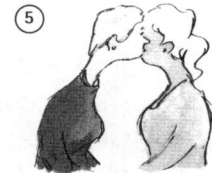

B.
1. F   2. V   3. F   4. V   5. V

20

Posibles frases:
Estos son los señores Mateo, los padres de un amigo.
Te presento a Lorenzo y José, mis hermanos. Están de vacaciones.
Le presento a la señora Hurtado. Es la directora de Ediciones Iglesias.
Estos son Montse y Mario, unos compañeros de trabajo.

5. De gestiones

1

1. Perdón, ¿tienes hora?
   Sí. Un momento... son las siete y media.
   Muchas gracias.
   De nada, de nada.

2. Oye Alberto, perdona, ¿qué hora es?
   Las dos en punto.
   ¿Las dos? Gracias.

3. Perdón, ¿tiene hora?
   Sí, las cuatro y veinte.
   Gracias.
   De nada.

2

A.
1. Las siete y cuarto.
2. Las tres y media.
3. Las diez menos cuarto.
4. La una y veinte.

B.
1. Oye, perdona ¿qué hora es?
2. Disculpe, ¿puede decirme la hora?
3. ¿Qué hora es?
4. Oiga, ¿tiene hora, por favor?

3

1. Son las nueve en punto.
2. Son las seis y cuarto.
3. Son las doce menos cuarto.
4. Son las diez y cinco.
5. Son las ocho y media.
6. Es la una y veinte.

4

1. En una floristería
2. En un cine
3. En una farmacia
4. En una lavandería
5. En una panadería
6. En un restaurante
7. En una joyería
8. En una cafetería
9. En una discoteca
10. En una tienda de ropa
11. En un estanco
12. En un taller

6

Objetos de oficina: tijeras, sobre, grapadora, bolígrafo, clip, hoja, rotulador.
Establecimientos: estanco, kiosko, banco, restaurante, cafetería, cine, farmacia.

7

1. un (teléfono) móvil
2. una llaves
3. un pañuelo
4. una calculadora
5. un pintalabios
6. un monedero
7. un peine
8. una foto
9. un bolígrafo
10. un carnet (un carné)
11. un paraguas
12. unas gafas de sol
13. una factura o un recibo
14. unos guantes

8

1. h   2. d   3. b   4. i   5. c
6. a   7. e   8. f   9. g   10. j

9

A.
Las llaves del coche.

B.
1. un cuadro
2. unas cortinas
3. un ordenador
4. un escritorio
5. una silla
6. una lámpara
7. una estantería
8. un sillón
9. una mesa
10. un teléfono
11. una alfombra
12. un equipo de música

C.
En el bolso de Luisa.

11

1. f   2. h   3. d   4. a   5. e   6. b   7. c   8. g

12

A.
Sonido /x/: Jerez, Gijón, Cartagena, Jerusalén, Río de Janeiro, Los Ángeles.
Sonido /g/: Guipúzcoa, Galicia, Santo Domingo, Santiago, Bogotá, Málaga.

B.
Jerez está en España, en Andalucía.
Cartagena está en Colombia. También existe una ciudad en España con el mismo nombre.
Jerusalén está en Israel.
Río de Janeiro está en Brasil.
Los Ángeles está en EE.UU., en el estado de California.
Guipúzcoa está en España, en el País Vasco.
Galicia está en el noroeste de España.
Santo Domingo está en la República Dominicana.
Existen varias ciudades que se llaman **Santiago**, Santiago de Compostela, en Galicia, Santiago de Chile y Santiago de Cuba son las más conocidas.
Bogotá está en Colombia.
Málaga está en España, en Andalucía.

14

A.

1. Quería	6. Quería
2. Tienen	7. Quería
3. Para	8. Cuánto
4. Cuánto	9. Tienen
5. Para	10. Para

B.
1. En una oficina de alquiler de coches.
2. En una librería.
3. En un auditorio, una sala de conciertos, un teatro...
4. En un museo.
5. En una gasolinera.
6. En una agencia de viajes.
7. En una oficina de Correos.
8. En una agencia de viajes.
9. En un kiosco.
10. En una comisaría.

15

¿Qué es? Un acuario.
¿Qué hay? Hay todo tipo de peces exóticos, tiburones y otras especies subacuáticas. Hay veinte grandes tanques, un inmenso oceanario y un tunel transparente de ochenta metros. Hay un auditorio, un cajero automático, una cafetería una tienda temática, una terraza panorámica y un servicio de información.
¿Dónde está? En Barcelona.
¿Cuál es su horario? De 10.00 a 21.00 horas.

16

1. f   2. c   3. b   4. a   5. d   6. e

18

PODER	puedo, puedes, puede, podemos, podéis, pueden
SABER	sé, sabes, sabe, sabemos, sabéis, saben
IR	voy, vas, va, vamos, vais, van

6. Locales y oficinas

1

1. #2.250.000 €#
2. cincuenta y tres mil doscientos cincuenta euros
3. #40.025 €#
4. siete mil ciento treinta euros

2

A.

1. COCINA	5. DORMITORIO
2. SALÓN	6. VENTANA
3. CUARTO DE BAÑO	7. RECIBIDOR
4. ASEO	

B.
Posibles preguntas:
¿Cuánto cuesta?
¿Necesita reformas?
¿Tiene garaje?
¿Cuantos metros (cuadrados) tiene?
¿Tiene ascensor?

3

A.
Posible solución:
2.
Es un apartamento de lujo reformado. Está junto a la plaza de Cuba. Tiene una habitación, un salón de 20 metros cuadrados, dos balcones, baño con jacuzzi, cocina americana, calefacción y aire acondicionado. La plaza de parking es opcional. Cuesta 98.000 euros.

3.
Es un piso de muchos metros cuadrados que está en la avenida Don Sancho, muy bien comunicado, junto al parque. Tiene cuatro habitaciones, dos baños, una cocina reformada, un salón grande, una terraza de 34 metros cuadrados. Tiene mucha luz y ascensor. Cuesta 195.000 euros.

B.
Lola	apartamento junto a la plaza de Cuba
Pilar y Candela	piso junto al Mercado de la Concepción
Señores Conesa	piso en la avenida don Sancho

5

A.
1. prefiero
2. pueden
3. prefieres
4. quieres
5. vuelves
6. podemos
7. volvéis
8. preferimos
9. quieren
10. podéis
11. vuelve
12. quiero

B.
PREFERIR   prefiero, prefieres, prefiere, preferimos, preferís, prefieren

QUERER   quiero, quieres, quiere, queremos, queréis, quieren
PODER   puedo, puedes, puede, podemos, podéis, pueden
VOLVER   vuelvo, vuelves, vuelve, volvemos, volvéis, vuelven

C.
- En español, algunos verbos en Presente cambian la **e** del Infinitivo por **ie** en las formas yo, tú, él, ella, usted y **ellos**, **ellas**, **ustedes**.
- Otros verbos cambian la **o** del Infinitivo por **ue** también en las formas yo, **tú**, **él**, ella, usted y **ellos**, **ellas**, **ustedes**.
- En las formas nosotros/as y **vosotros/as** nunca hay cambios de vocales en Presente.

6

IE   siete, vivienda, tienda, griego, cliente, fiesta
UE   nuestro, mueble, cuenta, nueve, puerta, escuela

7

A.
1. sofá
2. lámpara
3. alfombra
4. bandeja
5. escalera
6. escritorio
7. marco
8. frigorífico
9. chimenea
10. cafetera
11. jarrón
12. silla

C.
1. 750 €
2. 20 €
3. 650 €
4. 15 €
5. 30 €
6. 228 €
7. 11 €
8. 128 €
9. 1300 €
10. 17 €
11. 30 €
12. 250 €

8

A.
- El precio del metro cuadrado sube un 11%.
- El metro cuadrado de una vivienda nueva es el más caro.
- El metro cuadrado de una vivienda de 2ª mano cuesta un 7% más que en 1997.
- Los parkings bajan un 6%.
- El metro cuadrado de una oficina alquilada sube un 12%.

10

Es el más antiguo (1)
Está en la playa (2)
Es el más barato (3)
Tiene peluquería (4)
Es el más adecuado para hacer deporte (2)
Es el más caro (2)
Tiene tiendas (4)

12

1. – 2. – 3. + 4. – 5. –
6. + 7. – 8. – 9. – 10. +

13

A.
EL/UN   reloj, ordenador, sofá, escritorio, ascensor,
             garaje, salón, recibidor, frigorífico
LA/UNA   alfombra, cortina, calefacción, terraza,
             lámpara, habitación

16

bonito/a - **feo/a**
cómodo/a - **incómodo/a**
moderno/a - **antiguo/a (clásico/a)**
barato/a - **caro**
pequeño/a - **grande**
seguro/a - **inseguro/a**
exterior - **interior**
peor - **mejor**
corto/a - **largo/a**
lleno/a - **vacío/a**

17

1. rentabilizar
2. invertir
3. comprar
4. ahorran
5. alquilo
6. amortizas

COMPRUEBA TUS CONOCIMIENTOS 4 5 6

1

1. b	5. a	9. c	13. d	17. c
2. b	6. c	10. b	14. b	18. d
3. b	7. d	11. b	15. a	19. b
4. b	8. a	12. c	16. c	20. d

2

¡Hola! ¿Qué tal?
El tiempo es maravilloso y Palma es una ciudad muy bonita. El apartamento está **a 15 minutos del centro** y al lado de la playa. Estamos en un apartamento muy agradable que tiene de todo: **baño**, teléfono, **terraza**, **cocina**, **frigorífico** y televisión. Además, hay **dos piscinas, una zona infantil,** un gimnasio **un parking** y **una sauna.**
También hay un **restaurante** muy grande con un servicio excelente.
¡Hasta pronto!

3

1. La oficina de Correos está al final de esta calle.
2. La farmacia está al lado de la estación.
3. La fotocopiadora está enfrente de los ascensores.
4. Las tijeras están debajo de los libros.
5. El Hotel Gallery está detrás del museo.

7. Agenda de trabajo

1

lunes   viernes
martes   sábado
miércoles   domingo
jueves

2

En España, en general, la gente come a las dos, cena entre las nueve y las diez de la noche, sale de copas entre las doce y la una y va a la discoteca hacia las dos de la madrugada.

3

1. la reunión
2. la comida
3. la cena
4. la visita
5. el trabajo
6. la llegada
7. la duración
8. la salida
9. la organización
10. la promoción
11. la venta
12. la compra
13. la entrevista
14. el descuento

5

Oficina de Turismo
todos los días excepto los lunes
10.00-14.00 y 16.00-19.00
Zoo
todos los días excepto los lunes
10.00-18.00
Polideportivo Municipal
todos los días
8.00-22.00
Cámara de la Propiedad Urbana
de lunes a viernes
10.00-14.00 y 16.00-18.00

6

A.
1. por, a
2. a, por'
3. por, a
4. a, por
5. a, de, a
6. a, a, de, de

B.
por la tarde/la mañana/la noche

a las 10/las 10 y media/las 10 menos cuarto
de la mañana/la noche)

a mediodía

8

A.

EMPEZAR	empiezo, empiezas, empieza, empezamos, empezáis, empiezan
HACER	hago, haces, hace, hacemos, hacéis, hacen
REPETIR	repito, repites, repite, repetimos, repetís, repiten
JUGAR	juego, juegas, juega, jugamos, jugáis, juegan
CERRAR	cierro, cierras, cierra, cerramos, cerráis, cierran
ACOSTARSE	me acuesto, te acuestas, se acuesta, nos acostamos, os acostáis, se acuestan

B. C.

E/IE	empezar, cerrar, querer, sentir, venir
U/UE	jugar
O/UE	acostarse, dormir, poder, volver
E/I	repetir, pedir, decir
1ª persona singular	hacer, salir, dar, saber, poner, venir, decir

9

1. nosotros/as
2. él, ella, usted
3. ellos/as, ustedes
4. yo
5. tú
6. él, ella, usted
7. vosotros/as
8. vosotros/as
9. tú
10. yo

12

1.
✧ Buenos días, ¿dígame?
★ Buenos días. Por favor, ¿el señor Olmos?
✧ ¿De parte de quién?
★ De María de la Torre.
✧ Un momentito...

2.
✧ Editorial Cosmos, ¿dígame?
★ Buenas tardes. ¿Pueblo hablar con Marta Robles?
✧ Pues mire, en este momento está reunida. ¿Quiere dejarle algún recado?

★ Sí, por favor. Dígale que ha
llamado Joaquín Pérez del Hotel Habana.
✧ Muy bien, se lo diré.

3.
✧ ¿Sí?
★ Hola, ¿está Carmen?
✧ Sí, soy yo.
★ Hola, soy Jaime. ¿Qué tal?

4.
✧ ¿Diga?
★ Hola, ¿está Agustín?
✧ No, en este momento no está.
¿Quieres dejarle algún recado?
★ Sí, dile que ha llamado
Adelaida.
✧ Muy bien, se lo digo.
★ Gracias.

13

Posibles excusas:
Lo siento, en este momento está ocupado.
Lo siento, en este momento está reunido.
No está en la oficina.
Está de viaje

14

✧ Seguros Bertrán. **¿Dígame?**
★ ¿La señora Gómez, **por favor**?
✧ Un momento. ¿De **parte** de quién?
★ De Pablo Arias.
✧ Ahora mismo le pongo con ella, señor Arias.
★ **Gracias.**
○ Hola Pablo. ¿Qué tal? ¿Cómo estás?
★ Bien, bien. ¿Y tú?
○ Bien también.
★ Oye, mira, que te llamo porque **quería** hablar
contigo de lo de mi seguro.
○ Ah sí, claro. ¿Quieres pasarte por aquí?
★ Bueno. ¿Qué tal **mañana** por la tarde?
○ ¿A las cinco?
★ ¿No podemos quedar a las seis? A las cinco no
puedo.

○ De acuerdo. Entonces **quedamos** a las seis aquí, en
mi despacho.
★ Perfecto. Hasta mañana entonces.
○ **Adiós**. Hasta mañana.

16

A.
1. lavarse los dientes
2. secarse el pelo
3. maquillarse
4. ir al lavabo
5. planchar la ropa
6. vestirse
7. ducharse
8. peinarse
9. desayunar
10. hacer la cama
11. afeitarse
12. leer el periódico

18

1. de un estudiante
2. de una familia
3. de una empresa

19

Posible mensaje:
Este es el contestador automático de ... Nuestro horario
de atención al público es de lunes a viernes de diez a
dos y de cuatro a ocho. Si quiere dejar un mensaje,
diga su nombre, teléfono y motivo de la llamada después de oír la señal. Gracias.

8. Citas y reuniones

1

1. ✧ ¿Te **apetece** tomar algo?
   ★ De **acuerdo**.
2. ✧ ¿**Por qué** no vamos al cine mañana?
   ★ Lo siento, **es que** mañana no puedo.
3. ✧ ¿Y si cenamos en mi casa?
   ★ Vale, **perfecto**.
4. ✧ ¿Sra. Prieto **le** apetece un poco de agua?
   ★ No, **gracias**.

5. ✧ ¿Comemos juntos y hablamos?
  ★**Lo siento**, es que tengo mucho trabajo.
6. ✧ ¿**Tomamos** un café?
  ★ Ahora no **puedo**.

2

Posibles respuestas:
1. ¿Le apetece beber algo, Sr. Moragas?
2. ¿Comemos juntos, Marta?
3. ¿Y si vamos a "Casa Pedro"? A mí me gusta mucho.
4. ¿Os apetece tomar algo? Hoy es mi cumpleaños.
5. ¿Vamos al cine?

3

1. V 2. F 3. V 4. F 5. V 6. V

4

	COMIDA	DECORACIÓN		PRECIO		MÚSICA
	Comida corrida (buffet libre)	Moderna	Clásica	-6000 pesos	+6000 pesos	Música en directo
Restaurante Danubio	X		X		X	?
Villa Fontana	?		X		X	X
Casa Zavala	?	X		X		?
Jampel	X	X			X	X
Fonda Santa Anita	X		X		X	?
Restaurante Jena	?	X			X	?

7

Posibles frases:
No me gusta nada hacer los deberes.
Me encanta escuchar canciones.
Me gustan muchísimo los juegos.
No me gusta ver vídeos.

10

1. A mis compañeros de trabajo les gusta celebrar los cumpleaños.
2. A ti no te gusta nada levantarte temprano, ¿no?
3. A vosotros os gustan mucho los deportes, ¿verdad?
4. A Pedro y a mí nos encanta el marisco.
5. A mí no me gusta la ópera.
6. A mi cliente le gustan las antigüedades.

11

Posible solución:
A Ramón le gusta viajar, ir en bicicleta, la naturaleza, el campo... Le gustan los niños, los animales...
Probablemente no le gusta la ciudad, salir por la noche, ver la televisión...
Probablemente no le gustan los lugares ruidosos, las drogas...

12

	Juan	Merche
le gusta el pescado	X	
es alérgico/a al pescado		X
prefiere un restaurante sencillo		X
no le gustan los restaurantes vegetarianos	X	
prefiere un restaurante exótico	X	
no le gusta mucho la carne		X

13

1. alrededores
2. grandes
3. tiene
4. muchas
5. abierto
6. aseguran
7. acondicionado
8. cerca de

14

¡Hola Silvia!
Como sabes, pasado mañana es el cumpleaños de Joaquín y de Mónica y no sabemos qué regalar**les**. Unos dicen que a Joaquín podemos comprar**le** una corbata y otros prefieren regalar**le** una pluma... no sabemos qué hacer. A Mónica yo creo que **le** podemos comprar unos pendientes, pero a Carmen y a Pedro no **les** gusta la idea. ¿Y si **les** regalamos una agenda a cada uno? No es muy original ¿verdad? ¿Tú que crees? ¿Tienes alguna sugerencia? Hoy tengo que salir antes de la oficina, pero Carmen y Pedro terminan a las siete, ¿puedes hablar con ellos y dar**les** tu opinión?
Un abrazo
Luisa

15

A.

1. A mí siempre me dan los trabajos más difíciles.
2. A tí nunca te escriben.
3. A usted le tenemos que enviar un catálogo.
4. A Ana y a mí no nos sirven la comida.
5. A vosotros siempre os ofrecen un descuento.
6. A Nuria y a David les compramos un regalo.

B.

a mí	a ti	a él a ella a usted	a nosotros a nosotras	a vosotros a nosotras	a ellos a ellas a ustedes
me	te	le	nos	os	les

17

A.
1. Tortilla
2. Paella
3. Gazpacho
4. Flan

19

peso
fino
fila
pelo
modo
poca
harto
misa
bota
bala

20

Posibles reacciones:
1. La carne.
2. A mí tampoco.
3. Bueno.
4. Me parece que sí.
5. A mí también.
6. Prefiero dormir un poco más.
7. Es que tengo trabajo.
8. El sueldo.

22

Posibles propuestas:
Contratar a un mago, a un humorista...
Hacer un regalo sorpresa a cada asistente.
Repartir premios entre los asistentes.
Ir a una discoteca después de la cena.

9. Productos y proyectos

1

A.

B.

DISFRUTAR	**disfruta**	disfrute
VISITAR	**visita**	visite
REGALAR	regala	**regale**
APRENDER	aprende	**aprenda**
COMPRAR	**compra**	compre
DECIDIR	**decide**	decida

C.
Posibles eslóganes:
(RELOJ) Regale diseño, regale elegancia, y, por
            supuesto, regale puntualidad.
(AVIÓN) Aprenda a vivir, aprenda a volar.
(ZAPATO) Disfruta de un guante en tus pies.

3

A.

diseñando **diseñar**	preparando **preparar**
produciendo **producir**	invirtiendo **invertir**
haciendo **hacer**	durmiendo **dormir**
viviendo **vivir**	oyendo **oir**
diciendo **decir**	abriendo **abrir**
viendo **ver**	leyendo **leer**
vendiendo **vender**	trabajando **trabajar**

B.

-AR	diseñando, preparando, trabajando
-ER	haciendo, viendo, vendiendo
-IR	produciendo, viviendo
IRREGULARES	diciendo, invirtiendo, durmiendo, oyendo, leyendo

4

Posible solución:
1. Está buscando trabajo.
2. Está hablando por teléfono.
3. Está escribiendo en su agenda.
4. Está presentando un proyecto.
5. Están buscando casa.
6. Están aprendiendo español.

6

A.

ESTACIONES	primavera, verano, otoño, invierno
MESES	enero, febrero, marzo, abril, mayo, junio, julio, agosto, septiembre, octubre, noviembre, diciembre
DÍAS	lunes, martes, miércoles, jueves, viernes, sábado, domingo

7

1. esta noche	6. el mes que viene
2. mañana	7. en diciembre
3. pasado mañana	8. en verano
4. dentro de tres días	9. el próximo año
5. la semana que viene	10. en el 2012

10

A.
EN UNA FERRETERÍA
un interruptor, una bombilla, un cuchillo, una cafetera, un enchufe
EN UNA DROGUERÍA
una esponja, jabón, un limpiacristales, un cepillo de dientes, bolsas de basura

B.
Una esponja sirve para lavarse.
Un interruptor sirve para encender y apagar la luz.
El jabón sirve para lavar.
Un bombilla sirve para dar luz.
Un limpiacristales sirve para limpiar cristales.
Un cepillo de dientes sirve para lavarse los dientes.
Una bolsa de basura sirve para almacenar la basura.
Un cuchillo sirve para cortar.
Un cafetera sirve para hacer café.
Un enchufe sirve para conectar un aparato a la corriente eléctrica.

12

A.
Algunos avances tecnológicos:
el teléfono móvil, la fotocopiadora, el fax, el avión...

13

1. mejor/peor/igual que
2. más/menos/las mismas ... que
3. más/menos ... que; tan ... como
4. mejor/peor/igual ... que
5. más/menos/los mismos ... que
6. más/menos ... que; tan ... como
7. más/menos/las mismas ... que
8. mejor/peor/igual/más/menos ... que

14

Posibles frases:
1. El Seat Toledo consume menos que el Renault Laguna.
2. El Mitsubishi Space Wagon tiene más caballos que el Seat Toledo.
3. El Renault Laguna tiene menos plazas que el Mitsubishi Space Wagon.
4. El Seat Toledo es más pequeño que el Renault Laguna.
5. El Seat Toledo es más barato que el Renault Laguna.
6. El Renault Laguna es tan largo como el Mitsubishi Space Wagon.
7. El Seat Toledo es más bajo que el Mitsubishi Space Wagon.
8. La velocidad máxima del Seat Toledo es la misma que la del Mitsubishi Space Wagon.

A.

> En las comparaciones de igualdad podemos utilizar diferentes estructuras:
> *tan* + adjetivo + **como**
> *tanto* + **como**
> *tanto / tanta / tantos / tantas* + sustantivo + **como**

17

1. Seguro que está con la recepcionista organizando la próxima feria de Valencia.
2. A lo mejor está en la sala de juntas hablando con la señora Fernández.
3. Me imagino que está comiendo con el señor Ruíz.

18

Posible solución:
1. Están cenando. Me imagino que van a pedir más vino.
2. Está estudiando. Seguro que va a tener un examen.
3. Está entrando en un banco. A lo mejor va a ingresar dinero.
4. Está entrando en un hospital. Me imagino que va a visitar a un enfermo.
5. Está haciendo las maletas. A lo mejor va a asistir a un congreso.
6. Está leyendo en una parada de autobús. Seguro que va a coger un autobús.

19

A.
El Departamento de Investigación y Desarrollo de la conocida empresa "Golosinas" está preparando un nuevo producto en su Departamento de Investigación y Desarrollo. Se trata de un chicle que puede sustituir las comidas. Se llama Chicletón y está diseñado especialmente para aquellos que, a causa del trabajo, no tienen tiempo para comer. En este momento en "Golosinas" están realizando un estudio para decidir dónde van a distribuir**lo** y están probándo**lo** entre un público adulto con edades que oscilan entre los 20 y los 30 años. Según Ana Sancho, directora de Marketing de la empresa, **lo** van a promocinar el próximo verano con el eslogan "Disfrúta**lo**. ¿Por qué no **lo** pruebas?". La

responsable de la comercialización del producto asegura que hay mucha gente que **lo** está esperando y que hay muchas empresas que **lo** quieren copiar y que por esa razón la fórmula es absolutamente secreta.

B.
Los Pronombres de Objeto Directo **lo, los, los, las** pueden ir detrás del Infinitivo, del *Gerundio* y del Imperativo; por ejemplo, **pruébalo.** Con un verbo en Presente (u otros tiempos) estos pronombres van delante. Por ejemplo: **¿por qué no lo compras?** Cuando tenemos una perífrasis como **ir a** + Infinitivo, *estar* + Gerundio, *querer* + Infinitivo, **poder** + Infinitivo o **tener que** + Infinitivo, el pronombre puede ir delante del verbo conjugado o después del Infinitivo o Gerundio; por ejemplo: **tengo que venderlo** o **lo tengo que vender.**

20

1. la	3. los	5. las	7. la	9. lo
2. lo	4. lo, lo	6. lo	8. lo	10. lo

21

A.
1. la fotocopiadora
2. las revistas
3. la agenda
4. el pasaporte
5. las corbatas
6. el coche
7. los zapatos
8. la tarjeta de crédito

C.
Posibles descripciones:
las gafas
Las llevas en verano para protegerte del sol.
el teléfono
Lo usas para comunicarte a distancia.
los sellos
Los pegas en los sobres.
el mapa
Lo usas para estudiar Geografía.
la cafetera
La tienes en casa para hacer café.
los disquetes
Los utilizas para guardar información.

el reloj
Lo llevas para saber la hora.
el diccionario
Lo tienes para saber el significado de una palabra.
las sillas
Las utilizas para sentarte.
el paraguas
Lo llevas en invierno para protegerte de la lluvia.

COMPRUEBA TUS CONOCIMIENTOS 7 8 9

1

1. c	5. b	9. c	13. b	17. b
2. b	6. d	10.a	14. b	18. a
3. a	7. c	11. d	15. c	19. b
4. b	8. d	12. d	16. c	20. d

2

1. Los restaurantes **La Galette** y **Chez Pomme** están en el centro de Madrid.
2. Si quieres comer con un amigo vegetariano un domingo al mediodía, puedes ir a **Chez Pomme.**
3. En **Chez Pomme** abren todos los días.
4. **Asador Frontón** cierra un mes en verano.
5. **Príncipe de Viana** es el restaurante más caro.

3

1. miércoles a las 10 de la mañana
2. miércoles a las 9 de la mañana
3. lunes a las 12 del mediodía
4. jueves 15 a las 5 de la tarde
5. viernes a las 9 de la mañana

4

Posible carta:
Estimados Señores:
Me llamo Roberto. Soy el estudiante que va a pasar unos días en su casa y les escribo para presentarme. Tengo

25 años y trabajo en una empresa de telefonía móvil. Me gusta mucho hacer deporte. Normalmente me levanto temprano y hago gimnasia. Me gustan también los animales. Mis amigos dicen que cocino muy bien. Me encanta la cocina española.

¡Hasta pronto!
Saludos.

10. Claves del éxito

1

el control	controlar
la oferta	ofrecer
la disminución	disminuir
la facturación	facturar
el aumento	aumentar
la creación	crear
el consumo	consumir
la reducción	reducir
la pérdida	perder
la inversión	invertir
el gasto	gastar
el incremento	incrementar

2

1. c 5. a
2. b 6. b
3. a 7. b
4. b 8. b

3

A.
Productos: zumos, aguas minerales, productos lácteos, aceite de oliva, cerveza, fruta, huevos, vino, patatas, pollo, pan, carne de cerdo.

B.
6. dispar
4. sector agroalimentario
1. productos lácteos
3. moderado
2. en torno a
5. la tendencia

C.
Por orden:
zumos, aguas minerales, productos lácteos, aceite, huevos, cerveza, fruta, vino, pollo, pan, carne de cerdo, patatas

5

–AR	estudiado, cenado, hablado, comprado
–ER	tenido, perdido, comido
–IR	salido, ido
IRREGULARES	escrito, visto, puesto, hecho, dicho

7

YO	he discutido, he decidido, he nadado, he tomado
TÚ	has viajado, has venido, has dicho, has ido
ÉL, ELLA, USTED	ha dormido, ha estado, ha sido
NOSOTROS/AS	hemos pensado, hemos vuelto, hemos empezado, hemos terminado, hemos escrito, hemos visto
VOSOTROS/AS	habéis acabado, habéis tenido, habéis vuelto
ELLOS/ELLAS USTEDES	han puesto, han hecho, han controlado, han estudiado

9

1. a 4. b
2. a 5. b
3. a 6. a

11

Manuel
ha tenido una reunión — bastante mal
Juana
ha estado en Marruecos — bien
Rosario
ha ido a la fiesta de Blas — fatal
Juan y Ana
han estado en casa con los niños — muy bien
Mario
ha tenido un examen — regular

14

A.
1. Un banco.
2. Un servicio de banca telefónica.
3. De 8 de la mañana a 10 de la noche.
Posible respuesta:
4. Sí porque me permite hacer todo tipo de operaciones bancarias desde mi casa.

B.
1. Contar **con**
2. Disponer **de**
3. Informar **de**
4. Invertir **en**
5. Participar **en**
6. Ponerse **en** contacto **con**

C.
Posibles frases:
Cuento con vosotros para la cena del sábado.
Dispongo de tres días de vacaciones.
Tenemos que informarnos de los últimos avances tecnológicos.
Puede ser rentable invertir en Tecnosa.
BNP y UKBank participan en la fusión de bancos europeos.
Para firmar el contrato, ponte en contacto con Rosa.

15

Telexfo	a, f	Trans, S.L.	b, e
JeanDifusion	g, d	Lovis	c, h

16

A.
Posibles frases:
1. Para conducir bien hay que ser paciente.
2. Para tener muchos amigos hay que ser sociable.
3. Para mantenerse en forma hay que ir al gimnasio.
4. Para encontrar un buen trabajo hay que tener un buen currículum.
5. Para aprender un idioma extranjero hay practicarlo.
6. Para ser rico hay que invertir en bolsa.
7. Para dejar de fumar hay que tener voluntad.
8. Para aprobar un examen hay que estudiar mucho.

17

A.
1. a   3. a   5. a   7. a
2. a   4. b   6. a   8. b

18

> **Porque y debido a** expresan causa.
> Utilizamos **debido a** antes de un nombre (acompañado o no por un adjetivo), en cambio, usamos **porque** antes de una frase copmpleta (que contiene un verbo).

19

Posible solución:
1. Este año he trabajado muchísimo, por eso voy a tener más vacaciones.
2. Los precios de los vuelos nacionales han bajado, en consecuencia se ha incrementado el volumen de ventas.
3. En el sector de la informática la competencia es cada vez mayor, por ese motivo han descendido los precios.
4. Nunca he estado en América, en cambio, he viajado por toda Europa.
5. Las inversiones se han reducido debido a la crisis económica.
6. Hemos intentado controlar el gasto, sin embargo no lo hemos conseguido.

11. Agencias de viajes

1

1. reservar el billete
2. facturar el equipaje
3. pasar el control de pasaportes
4. esperar en la sala de embarque
5. subir al avión
6. despegar
7. aterrizar
8. bajar del avión
9. recoger el equipaje

2

1. V **2.** F **3.** F **4.** V
5. V **6.** F **7.** V **8.** V

3

◇ Viajes Marisol, buenos días, ¿**Dígame**?
★ Buenos días. Quería **reservar** un billete para Madrid.
◇ ¿Para qué **día**?
★ La **ida** para el día 7.
◇ Un momento. Lo siento, pero para el día siete con Iberia está todo **completo**.
  Si quiere, puedo mirar con otra **compañía**.
★ Sí, sí, no importa.
◇ Con Air España sí hay **plazas**. Hay un **vuelo** a las 10 de la mañana. ¿Le parece bien?
★ Sí, está bien.
◇ ¿Y la **vuelta**, para cuándo?
★ Para el día 9.
◇ A ver... sí, hay plazas.
★ ¿Cuándo sale el **último** vuelo?
◇ A las 9 de la noche. Todavía quedan plazas.
★ Muy bien. Pues a las 9... Ah, también necesito un hotel.
◇ Tenemos una **oferta** con el Hotel Cibeles. Es un cinco estrellas.
★ Perfecto. Pero sólo quiero alojamiento y **desayuno**.

4

Posible solución:
1. un compañero
en el trabajo   a otro compañero
2. un cliente
en un restaurante   a un camarero
3. un/a jefe/a
en el trabajo   a su secretario/a
4. un cliente
en una tienda de ropa   a un dependiente
5. un empleado
en un banco   a un cliente
6. un cliente
en una agencia   a un agente de viajes
7. un
en su casa   a otro amigo
8. un taxista
en un aeropuerto   a alguien que trabaja en información

5

		TÚ	USTED
R E G U L A R E S	-ar	habla	hable
	-er	responde	responda
	-ir	escribe	escriba

	TÚ	USTED
I R R E G U L A R E S	ven	venga
	haz	haga
	sal	salga
	ve	vaya
	di	diga
	pon	ponga

6

1. tú   **4.** tú
2. usted   **5.** usted
3. usted   **6.** tú

8

Posibles excusas:
1. Lo siento pero no puedo, es que el ordenador no funciona.
2. No puedo, es que tengo que acabar este informe. Lo siento.
3. Lo siento pero no puedo, es que no he recibido todavía toda la documentación.
4. No puedo, es que no funciona el teléfono.
5. Lo siento pero no puedo, es que tengo una reunión dentro de una hora.
6. No puedo, es que el diseñador todavía no ha terminado.

9

1. Estoy estudiando la posibilidad de invertir en Margot S.A.
2. No encuentro las llaves del almacén. Las he buscado por toda la oficina.
3. ¿Tengo que ir al próximo congreso de San Sebastián?
4. He llamado cuatro veces al distribuidor, pero no lo encuentro.
5. ¿Cuándo recibiré mi pedido?
6. ¿Habéis recibido el nuevo diseño para el folleto de la próxima temporada.
7. ¿A qué hora van a llegar los clientes? Quiero ir al aeropuerto a recibirlos.
8. ¿Quién va a ir a la feria de Bilbao? Tengo que hacer la reserva de hotel lo antes posible.

10

1. Lorena me ha dicho que no puede ir al gimnasio conmigo, que tiene mucho trabajo.
2. La Sra. Soriano me ha preguntado si podemos hacerle un presupuesto para la próxima semana.
3. El Sr. Galindo me ha dicho que ha leído el informe y que está muy contento con el resultado.
4. Laura del Departamento de Contabilidad quiere saber dónde están las factura de la feria de Paris.
5. Un comercial de SISA me ha dicho que le gustaría pasar a hacernos una entrevista.
6. Un estudiante me ha dicho que está buscando trabajo.
7. Raúl Quintana me ha preguntado si han llegado los paquetes.
8. La señora Blanco me ha dicho que el cheque que le hemos enviado no es correcto.

11

El hotel que se ajusta a todas las características y preferencias del grupo es el hotel San Sebastián Playa, en Sitges. Los hoteles San Gil (Sevilla) y Gran Hotel del Sella (Ribadesella, Asturias) se ajustan a las características, pero no a las preferencias (el primero no tiene piscina y el segundo no tiene aire acondicionado), sin embargo, también pueden ser elegidos por los alumnos.
¡Atención! Los precios que aparecen en las tablas son por habitación doble, no por persona.

12

B.
1. como
2. porque
3. como
4. porque
5. como
6. porque

13

A.

1. año	10. niño
2. silla	11. calle
3. mucho	12. playa
4. tuyo	13. billete
5. baño	14. despacho
6. chino	15. compañero
7. leyendo	16. apellido
8. campaña	17. noche
9. mañana	18. pequeño

14

A.
1. conservar
2. promover
3. ocupar
4. sancionar
5. crear
6. extender
7. aparecer
8. declarar
9. situar
10. realizar

B.
Ejemplos:
separación, distinción, reparación, actuación, saturación, edificación...
Todas las palabras terminadas en **-ción** son femeninas.

15

1. tengo   5. vamos

2. estudias
3. ofrecemos
4. funciona

6. disponemos
7. recibo
8. lanzamos

17

Posibles continuaciones:
1. tendremos que aplazarla.
2. lo cree necesario.
3. le ofreceremos nuestros mejores productos.
4. el avión se retrasa.
5. tendré que pedírselas al jefe.
6. éste no funciona.
7. iré de vacaciones a Islandia.
8. tengo que ir al médico.

18

A.
Ejemplos:

Me casaré.
Hablaré muy bien el español.
Iré de vacaciones a Perú.
Estaré más gordo/a.

Tendrá novio/a.
Cambiará de trabajo.
Ganará mucho dinero.
Vivirá en otra ciudad.

19

aplazar
una reunión, una entrevista, una visita...
preparar
una reunión, una entrevista, la documentación, un pedido...
mandar
la documentación, un pedido, un paquete, una carta...
comunicar
una noticia
concertar
una reunión, una entrevista, una visita...
atender
una visita, el teléfono
contestar
el teléfono, una carta
firmar
la documentación, un contrato, una carta

20

Helen

INFORMAL

FAX   **IQ**

A: Viajes Trotamundos
De: Carmela Manrique   Instituto Quijano
Nº de páginas: 1
Fecha: 10 de julio

Apreciados amigos:

Tal como hemos hablado esta mañana, os envío los datos para la reserva.

Necesito dos billetes a Praga para la próxima semana. Quiero salir el lunes de la semana que viene, pero, por favor, la hora de llegada tiene que ser antes de las 12.00. La vuelta para el miércoles por la tarde preferiblemente, pero también puede ser por la noche. ¿Podríais buscar un buen hotel? Un cuatro estrellas, por ejemplo. Tiene que estar en el centro de la ciudad. Por cierto, en habitaciones individuales, ¿eh?

Necesitamos saber algo lo antes posible. ¿Podéis decirnos alguna cosa hoy mismo?

Espero vuestra respuesta.

Carmela Manrique

FORMAL

FAX   **IQ**

A: Viajes Solimar
De: Carmela Manrique   Instituto Quijano
Nº de páginas: 1
Fecha: 10 de julio

Apreciados señores:

Tal como hemos acordado en la conversación mantenida esta mañana, les envío los datos para la reserva.

Necesitamos dos billetes a Praga para la próxima semana. Nos gustaría salir el lunes de la semana que viene pero, si fuera posible, la hora de llegada tendría que ser antes de las 12.00. La vuelta para el miércoles por la tarde preferiblemente, pero también podría ser por la noche. ¿Podrían buscar un buen hotel? Un hotel de cuatro estrellas, a ser posible. Tendría que estar en el centro de la ciudad. Asimismo, las habitaciones tendrían que ser individuales.

Esperamos recibir noticias suyas lo antes posible. Les estaremos muy agradecidos si puede ser hoy mismo.

Atentamente,

Carmela Manrique

21

B.

Los Pronombres de Objeto Indirecto le y **les** se transforman en **se** cuando van acompañados de un Pronombre de Objeto Directo (**lo**, **la**, **los** o **las**).

22

A.

1. Sí, claro. Esta mañana mismo se lo llevo.
2. Un momento, ahora mismo se lo doy.

B.

Posibles respuestas:
1. Sí, claro, ahora mismo se los envío.
2. Por supuesto. Esta tarde mismo se las llevo.
3. Ahora mismo se lo entrego.
4. Si, claro. Mañana mismo se los mando.
5. Por supuesto. Esta tarde mismo se las compro.
6. Ahora mismo se la escribo.

12. Formación y experiencia

A.

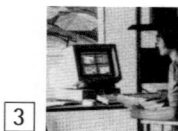

B.

-AR	fundó, entró, crearon, lanzó, fabricó, se popularizaron
-ER	apareció
-IR	salió, se convirtió

C.

FUNDAR	fundé, fundaste, fundó, fundamos, fundasteis, fundaron
APARECER	aparecí, apareciste, apareció, aparecimos, aparecisteis, aparecieron
SALIR	salí, saliste, salió, salimos, salisteis, salieron

D.

CONVERTIRSE	me convertí, te convertiste, se convirtió, nos convirtieron, os convertisteis, se convirtieron
PEDIR	pedí, pediste, pidió, pedimos, pedisteis, pidieron

2

A.

1. Humphrey Bogart	7. Thomas Alva Edison
2. Alexander G. Bell	8. Alexander Fleming
3. Ludwig van Beethoven	9. Henry Ford
4. Ana Bolena	10. John F. Kennedy
5. Miguel de Cervantes	11. Indira Gandhi
6. Jesse Owens	12. Valentina Tereshkova

B.

1. Leonardo da Vinci pintó "La Gioconda".
2. Cristobal Colón descubrió América.
3. María Callas cantó en todos los teatros importantes del mundo.
4. Greta Garbo protagonizó muchas películas.
5. William Shakespeare escribió "Hamlet".
6. Teresa de Calcuta luchó contra la pobreza de su pueblo.

3

ESTAR	estuve, estuviste, estuvo, estuvismos, estuvisteis, estuvieron
HACER	hice, hiciste, hizo, hicimos, hicisteis, hicieron

PODER	pude, pudiste, pudo, pudimos, pudisteis, pudieron
VENIR	vine, viniste, vino, vinimos, vinisteis, vinieron
PONER	puse, pusiste, puso, pusimos, pusiteis, pusieron
IR/SER	fui, fuiste, fue, fuimos, fuisteis, fueron

4

A.
Hoy, ayer, anteayer, hace dos años, e. martes, el fin de semana pasado, hace tres semanas, el año pasado, en julio de 1996, en 1992, en el siglo XVIII

B.
Posible solución:
El martes fui al cine con mi hermano.
Ayer visité a un cliente.
El año pasado encontré trabajo.

5

A.
1. teléfono
2. prácticas
3. anónimo
4. informática
5. último
6. catálogo
7. muchísimo
8. tímido
9. número
10. técnico
11. simpático
12. clásico

B.
Otras palabras esdrújulas:
tráfico, rápido, próximo, económico, fantástico...

6

Se requiere:
- Licenciado en Económicas o diplomado en Empresariales.
- Experiencia de 2 ó 3 años como contable.
- Conocimientos de inglés (nivel medio).
- Imprescindible conocimientos sobre impuestos.
- Edad entre 28 y 35 años.

Se ofrece:
- Incorporación inmediata en importante Asesoría Fiscal.
- Retribución a convenir.
- Contrato laboral indefinido.

7

Javier Escribano Cortés
Calle de San Justo, n° 9
41001 Sevilla

Sevilla, 9 **de febrero** de 1999

Estimados Sres.:

Me dirijo **a ustedes** con motivo de la oferta **de trabajo** aparecida **en "La Vanguardia"** el 7 de febrero. Como podrán comprobar por los documentos adjuntos, me licencié en Económicas por la Universidad de Barcelona **en 1995**. El mismo año fui a Estados Unidos **para perfeccionar** mi inglés en la Universidad de Boston. En 1996 hice unas prácticas **durante seis meses** en el Estudio Bogas Arquitectos de Barcelona. Al año siguiente me trasladé **a Valencia** donde trabajé en el Departamento de Contabilidad de la empresa Arana S.A. hasta 1998, fecha en la que me incorporé como contable en la empresa Abogados Pereira, donde trabajo **desde entonces**.

En espera de sus noticias, les saluda atentamente,

Javier Escribano

8

A.
el dinamismo: **dinámico/a**
la creatividad: **creativo/a**
la organización: **organizado/a**
la flexibilidad: **flexible**
la amabilidad: **amable**
la responsabilidad: **responsable**
la paciencia: **paciente**
la simpatía: **simpático/a**
la profesionalidad: **profesional**
la timidez: **tímido/a**

9

SER	TENER
responsable	dotes de mando
amable	iniciativa
organizado	facilidad para las relaciones humanas
buen comunicador	mucha experiencia
paciente	buena presencia
creativo	capacidad de decisión
educado	

10

A.

Ejemplo:
Cualidades:
Soy bastante creativo, paciente y tengo capacidad de decisión.

Defectos:
No tengo mucha experiencia ni facilidad para las relaciones humanas. Tampoco soy muy organizado.

11

A.

Posible solución:
1. La más trabajadora es la que está con las flores.
2. El más inteligente es el de la cámara.
3. La más guapa es la del coche.
4. El más deportista es el que tiene la bicicleta.
5. El más simpático es el del perro.
6. La más rica es la que está escribiendo.
7. El más serio es el estudiante.

12

A.

1. de... a
2. hace
3. del... al
4. desde
5. hace
6. hasta
7. desde
8. de... a

14

A.

Todo empezó en 1957, cuando Enric Bernat, fundador y presidente de Chupa Chups S.A., **tuvo** la idea del caramelo con palo para que los niños no se ensuciaran las manos. Al año siguiente, Chupa Chups **nació** en la fábrica de Asturias, en el norte de España, con siete sabores diferentes. En 1967 se abrió otra fábrica cerca de Barcelona y la primera filial fuera de España, en Perpignan (Francia). Dos años después la empresa **decidió** hablar con Salvador Dalí, quien **creó** el famoso logotipo de Chupa Chups. En 1979 el número de chupa chups vendidos **alcanzó** la cifra de 10.000 millones y nueve años más tarde la cifra fue doblada: 20.000 millones. Tras abrir fábricas en Japón, Estados Unidos, Alemania y otros países, Chupa Chups **empezó** su producción en Rusia, en el año 1991. **Fue** esta fábrica la que **suministró** los primeros chupa chups consumidos en el espacio, enviados a la estación MIR a petición de los cosmonautas. En 1993, con 30.000 millones de chupa chups vendidos en todo el mundo, Enric Bernat **hizo** realidad su sueño: producir chupa chups en China. Al cabo de cuatro años, la empresa **ganó** el premio a la Excelencia Empresarial reconociéndose así toda una labor dedicada a endulzarnos la vida.

C.
1. 1958
2. 1969
3. 1988
4. 1997

15

Posible solución:
1. Empecé a trabajar en Argentina en 1995 y al cabo de dos años me trasladaron a Chile.
2. Nos casamos en el 97 y al año siguiente tuvimos nuestro primer hijo.
3. Compré el coche el lunes y tres días después tuve un accidente.
4. Salió de trabajar a las 7 y al cabo de dos horas llegó a su casa.
5. Empecé a buscar trabajo en mayo y el mismo mes lo encontré.
6. Hice la entrevista en abril y dos meses más tarde me dieron el trabajo.
7. Inauguraron la primera oficina en 1994 y al cabo de

tres años abrieron tres sucursales.
8. Compré el piso en 1992 y siete años más tarde lo vendí.

16

A.
- En <u>1977</u> se celebraron las primeras elecciones democráticas después de casi 40 años de dictadura.
- En 1986 la <u>**empresa alemana Volkswagen compró un 51%**</u> de SEAT.
- En 1992 se celebraron dos acontecimientos: La Exposición Universal en <u>**Sevilla**</u> y los Juegos Olímpicos en Barcelona.

COMPRUEBA
TUS CONOCIMIENTOS 10 11 12

1

1. d	6. c	11. c	16. c
2. b	7. b	12. b	17. d
3. a	8. a	13. c	18. c
4. d	9. c	14. c	19. a
5. b	10. b	15. d	20. c

2

1. V	6. V
2. F	7. F
3. V	8. V
4. F	9. F
5. V	10. F

3

1. Del 85 al 88.
2. En el 88.
3. Del 90 al 92.
4. En el 92.
5. En 1997.